KREUZWEISE

Sechs Begegnungen mit Christus rund ums Kreuz

Eine Kollaboration in Text, Bild und Musik

Andreas Boppart und Central Arts

KREUZ WEISE

SECHS BEGEGNUNGEN MIT CHRISTUS RUND UMS KREUZ

SCM
R.Brockhaus

SCM

Stiftung Christliche Medien

SCM R.Brockhaus ist ein Imprint der SCM Verlagsgruppe,
die zur Stiftung Christliche Medien gehört, einer gemeinnützigen Stiftung,
die sich für die Förderung und Verbreitung christlicher Bücher,
Zeitschriften, Filme und Musik einsetzt.

MIX
Papier aus verantwortungsvollen Quellen
FSC® C014138

Max-Eyth-Str. 41 · 71088 Holzgerlingen
Internet: *www.scm-brockhaus.de*
E-Mail: *info@scm-brockhaus.de*

Die künstlerischen Inhalte rund um KREUZWEISE entstanden unter der Leitung des Central-Arts-Teams
in Zusammenarbeit mit zahlreichen Künstlerinnen und Künstlern aus dem Netzwerk.
Künstlerische Leitung: Jonathan Schmidt
Literarische Texte & Gebete: Tamara Boppart, Hanna Löffler
Liedtexte & Musik: Julia Buch, Dave Demuth, Daniela Hogger,
Jonathan Schmidt und Tobias Hundt *(»Für die ganze Welt«)*

Gesamtgestaltung und Illustrationen: Sophia Lasson, *sophialangner.com*
Foto Andreas Boppart: © Manuela Fassbind
Foto Central Arts: © Claudius Förster
Foto Sophia Lasson: © Sophia Lasson
Druck und Bindung: Finidr s.r.o.
Gedruckt in Tschechien

ISBN 978-3-417-01001-5
Bestell-Nr. 227.001.001

Genieße die Musikvideos
und Bilder zu KREUZWEISE auf
centralarts.net/kreuzweise.

INHALT

ÜBER *UNS*

Andreas »Boppi« Boppart | *Texte*

Der Autor, Referent und Leiter von *Campus für Christus Schweiz* lebt mit seiner Familie und einer weiteren Familie gemeinschaftlich in Zürich. Er träumt groß, denkt laut und mag es, wenn Glaube in nachlebbarer Form daherkommt.

Central Arts | *Kunst*

Die internationale Bewegung von Kreativen in Popkultur und Kirche startete 2016 in Zürich. Das Movement hat sich auf die Fahne geschrieben, die Welt schöner zu hinterlassen, als es sie angetroffen hat, indem es Kunst und die Auseinandersetzung mit dem christlichen Glauben fördert.

Sophia Lasson | *Illustration & Grafikdesign*

Die Grafikdesignerin, Fotografin und Illustratorin lebt mit ihrer Familie in München. Sie ist Teil des Netzwerks von *Central Arts*. Es ist ihre Leidenschaft, Gefühlen, Worten und Musik Gestalt zu verleihen und diese dem Betrachter oder Zuhörer somit näherzubringen.

PROLOG – WERDEN STATT KÖNNEN

*»Ein Buch muss die Axt sein
für das gefrorene Meer in uns.«*

Franz Kafka

Ich kenne dieses gefrorene Meer in mir. Meine Seele scheint dort in regelmäßigen Abständen ihre Ferien zu verbringen. Was ich aber entdecken durfte, ist, dass es Dinge gibt, die diese Eisschicht aufzubrechen vermögen. Und genau das habe ich versucht in KREUZWEISE abzubilden.

Es gibt nicht viel, was mich so tief und eindringlich zu bewegen vermag, wie die Begegnungen von Menschen mit Christus. Die göttliche Liebe, die dabei aus allen Poren trieft, zieht mich sehnsüchtig an. Und die teils dramatisch schönen Lebensveränderungen gehören für mich zu den überzeugendsten Argumenten für den christlichen Glauben. Sie haben stattgefunden, als Jesus Christus Mensch war, und eine unvergleichliche Bewegung losgetreten, die über die letzten zweitausend Jahre nicht abgerissen ist.

Mit KREUZWEISE möchte ich den Blick weglenken von all den kleinen und großen theologischen Kampfschauplätzen und hin zu dem, was mit überzeugender Durchschlagskraft für die Existenz eines Menschen liebenden Gottes spricht. Einer, der leidenschaftlich um eine persönliche Beziehung mit uns wirbt. Deshalb richte ich das Scheinwerferlicht auf sechs Personen, von bedeutend bis unscheinbar, die irgendwo rund ums Kreuzgeschehen in der Bibel auftauchen. Es sind Leute, deren Lebensreise mich beeindruckt und inspiriert.

Die Auswirkung von Christus auf ihr Leben zu beobachten, kann uns helfen, uns selbst noch einmal auf eine ganz neue Art und Weise auf Christus einzulassen, einen unverbrauchten Zugang zu Gottes Angebot der Erlösung zu finden – und dadurch zu einer neuen Umgangskultur im Miteinander durchzubrechen. Das ist eine Sehnsucht von mir.

Immer wieder sind unsere Disputationen und Wortmeldungen geprägt von einer niederschwelligen »Du kannst mich mal kreuzweise«-Tonalität, privat oder öffentlich. Ich kenne diese unheiligen Momente, in denen mich dieser Gedanke ebenfalls durchzuckt: beim Autofahren auf der deutschen Autobahn, wenn mich wieder einmal irgend so ein »Depp« rechts überholt, genauso wie beim Lesen von lieblosen E-Mails oder diffamierenden Kommentaren auf Social Media. In solchen Momenten könnte ich dieser Emotion ungebremst frönen, der eigenen Seele Auslauf geben wie einem gestochenen Pitbull, ungeachtet aller Kollateralschäden, die sie in den »Gärten« anderer hinterlässt.

Es gäbe noch eine andere Möglichkeit. Nämlich ein paar Mal tief durchzuatmen, um dann die Blickrichtung zu wechseln. Den Schlüssel dazu meine ich – so plattfüßig es auch klingen mag – im Kreuz ausmachen zu können. Nicht etwa in einer unseligen Reduktion darauf, sondern in einem Blick durch das Kreuz hindurch auf die Ereignisse, die sich rund um das Kreuzgeschehen zugetragen haben. In der Manifestation seiner Erlösungskraft. Anstatt sich »kreuzweise zu können«, können wir »durchs Kreuz weise werden«. Durchs Kreuz hindurchblicken, als wäre es ein kreuzförmiges Fenster. Dahinter öffnet sich der Blick auf einen neuen Horizont – umso stärker auszumachen, je näher wir diesem Kreuzfenster stehen. Es nur aus der Ferne zu betrachten, verschließt uns vieles.

Anstatt schulterzuckend zu akzeptieren, dass der an vielen Orten aufgebrochene Modus von »Du kannst mich mal kreuzweise!« Normalität geworden ist, möchte ich mein Fähnchen euphorisch wedelnd für eine neue Kultur hochhalten – eine Kultur, die den Blick gemeinschaftlich auf Christus richtet. Nicht, um mit Scheuklappen bestückt alles andere auszublenden, sondern um durch ihn und durchs Kreuz hindurch alles zu betrachten und so durch das Kreuz weise zu werden – kreuzweise zu werden. Weil er uns ermöglicht, Gott und sein Wirken in dieser Welt und uns Menschen noch einmal anders zu sehen. Durch seine Augen.

Von der Kunst habe ich in den letzten Jahren neu gelernt, dass sie es vermag, uns ein Thema noch einmal von einer anderen Seite her zu erschließen. Deshalb ist gemeinsam mit der Kunstbewegung *Central Arts* dieses Herzensstück entstanden – mehr als einfach ein Buch! Letztlich wird Kafkas Aussage zu unserer Hoffnung: Auf dass diese Worte und Klänge zu einer Axt werden, die unser inneres gefrorenes Meer immer wieder an verschiedenen Stellen aufzubrechen vermögen.

Am Ende kann sich jede und jeder von uns entscheiden: Will man sich kreuzweise können oder »kreuzweise« werden?

Dazu hilft es, neu staunen zu lernen. Und Staunen ist mutig, weil es sich nicht ängstlich hinter aufgeblähtem Wissen versteckt, das einem ein wohliges Sicherheitsgefühl suggerieren kann. Ich nenne es deshalb die DREIST-Methode: Staunen statt streiten. Dreimal »st«, weil es dreist ist, die komfortable Wissenszone zu verlassen und sich gemeinsam immer wieder neu dem Staunen auszuliefern.

✝✝✝

Wir können uns letztlich bei Glaubensthemen über so viele Dinge streiten. Jede und jeder empfindet einen anderen Bereich als absolut unaufgebbar wesentlich für das Miteinander.

Ich möchte uns lieb machen, bei all dem Denken und Ringen nie das Herz auszuschalten und nicht den Blick auf Christus zu verlieren, Christus, den Gekreuzigten. Dort kommt erst alles zusammen, findet sich die Schnittmenge vom Leben, vom Hier und Jetzt und von dem bereits angebrochenen Reich Gottes. Im Gekreuzigten begegnen sich der Lebende und der Auferstandene. Beim Kreuz küssen sich die Menschwerdung Gottes – das Leben, Wirken und die Lehren von Christus und die Auferstehung, das Versöhnungsfeuerwerk für die gesamte Schöpfung – und das angebrochene Himmelreich. Es umarmen sich das Noch-nicht und das Schon-jetzt.

Ist unser Blick liebend, hoffend und glaubend auf Christus gerichtet, können wir durch ihn und durch seine Versöhnungstat auch unsere Mitmenschen liebend zugewandt und versöhnlich anschauen. Anstatt ihnen ihre Fehler, Versäumnisse und Missverständnisse hinterherzutragen, helfen wir einander, das Kreuz zu tragen – wie es Simon von Kyrene für Jesus tat. Ihm wirst du in diesem Buch dann als erste der sechs Personen begegnen.

Mich bewegen die transformierenden Begegnungen mit diesem Christus damals wie auch heute so stark, dass ich meine Lebensenergie auf genau solche Begegnungen konzentrieren möchte.

C.S. Lewis hat in Narnia schriftstellerisch mit dem Löwen Aslan einen Charakter entworfen, der in vielerlei

Hinsicht verdeutlicht, wie Christus war. Sobald Aslan erscheint, hat das Auswirkungen auf die Menschen. Und als sein Name zum ersten Mal erwähnt wird, fühlt jedes der vier Kinder, die als Protagonistinnen und Protagonisten im Buch vorkommen, eine andere Erregung in sich aufsteigen. Während es bei Peter Mut ist, der ihn plötzlich ausfüllt, fühlt Edmund einen geheimnisvollen Schrecken in sich aufsteigen, Susan etwas Erhabenes und Lucy ist es zumute wie an einem Sommermorgen, wenn die großen Ferien beginnen.[1]

Ein Name von Jesus ist »Löwe von Juda«. *Offenbarung 5,5* Es ist meine Hoffnung, dass dein Herz in dir an manchen Stellen wieder zu Brennen beginnt, wenn du diesem Löwen begegnest. So wie bei den Jüngern von Emmaus *Lukas 24,32* damals, bei ihrer Begegnung mit dem auferstandenen Christus.

»Warum denn dieser Fokus auf Christus?«, mag sich manch jemand berechtigterweise fragen. Die Begründung ist ähnlich kurz wie die Frage selbst: Weil Gott sich in Christus gezeigt hat! »Wer mich sieht, sieht den Vater.« *Johannes 14,9* Gott ist nicht anders als das, was wir in Christus sehen können – denn er hat sich entschieden, in seiner ganzen Fülle in Christus zu wohnen *Kolosser 1,19* und Jesus hat ihn uns gezeigt. *Johannes 1,18* Paulus nennt Jesus die »Gestalt« und das »Bild« Gottes. *Philipper 2,6 | Kolosser 1,15* Jesus drückt Wesen und Charakter Gottes aus – aus jeder Pore seines Lebens, Redens und Handelns, seines Sterbens und auch seines Auferstehens. Selbst wenn Gott spricht, können wir Jesus sehen, denn er wird von Johannes als das Wort von Gott bezeichnet. *Johannes 1,1* Durch Christus, den Lebenden, den Gekreuzigten und den Auferstandenen, sehen wir Gott. In seinem Leben, in seinem Sterben und in seiner Auferstehung. Deshalb ist es so zentral, den Blick auf ihn zu richten. *Hebräer 12,2*

Die Begegnungen, die Menschen mit Christus hatten, wie er ihr Leben durchkreuzte, wie sich die Leben verwoben haben, wie Christus uns heute begegnet – all das ist der Grund, warum ich glauben kann. Denn Glaube ist Beziehung. Und gerade die dem Kreuz nahen Begegnungen bergen für mich eine einzigartige Tiefe, eine intrinsische Überzeugungskraft. Für mich sind sie Grund genug, zu glauben. Um kreuzweise zu werden.

Andreas Boppart
Zürich, im Juli 2023

NOCH EIN PROLOG – *WERDEN* DANK SINGEN

»Die Kunst gibt nicht das Sichtbare wieder, sondern macht sichtbar.«

Paul Klee

Das Faszinierende an Kunst ist, »dass sie Räume eröffnet, die einem die Möglichkeit geben, Dinge und den Reichtum der Welt anders zu sehen und außerhalb des rationalen Alltagsdenkens zu erleben«. *Bice Curiger*[2]

Diese Worte stammen aus einem Interview mit der Schweizer Kuratorin Bice Curiger, einer der bedeutendsten Frauen und Stimmen in der Kunstwelt der letzten Jahrzehnte. Was Bice Curiger nach fünf Jahrzehnten in der Kunstszene wie eine Quintessenz sagen kann, darf ich mit der jungen Kunstbewegung *Central Arts*, die sich in der Schnittstelle von Popkultur und Kirche tummelt, in der Praxis entdecken. Kunst hilft mir, anders auf die Dinge zu schauen. Manchmal eben sogar – wie auch Curiger sagt – direkt mit dem Herzen, ohne dass sich zuerst der Kopf dazwischenschaltet.

Dasselbe vermag übrigens auch mein Glaube. In der Auseinandersetzung mit dem Wort Gottes, im Gespräch mit anderen Glaubensgeschwistern habe ich schon so oft erlebt, dass ich Gott als »den ganz anderen« kennenlernen durfte, wie das schon der evangelische Theologe Karl Barth (1886–1968) formulierte.

Je länger ich mich mit Glauben und Kunst auseinandersetze, desto klarer wird mir, wie ähnlich sich die beiden sind. »Logisch«, werden die einen sagen, »unsere eigene Schöpferkraft deutet doch unmittelbar auf den großen Schöpfer hin!« Und es stimmt. Kunst und Glaube sind verwandt – zumindest in der Hinsicht, dass sie etwas Geheimnisvolles in sich tragen. Etwas, das unser Denken, Fühlen und Verstehen übersteigen kann. Ich habe sie in den letzten Jahren außerdem oft als Lerngemeinschaft kennengelernt. Und wie hier bei KREUZWEISE gar als Kooperationspartner, die durch ihr Zusammenspiel hoffentlich auch für viele andere Menschen zu einem persönlichen Gewinn auf ihrer persönlichen Glaubensreise werden.

Am Kreuz weise werden anstatt sich kreuzweise können. Von der schroffen Abweisung hin zur herzlichen Einladung, noch einmal anders auf und durch das Kreuz zu schauen. Allein die Tatsache, dass sich jemand anschickt, diese Redewendung in einem neuen Licht zu betrachten, hat in uns das Interesse geweckt, Teil dieses Vorhabens zu werden. Als künstlerischer Partner und ganz im Sinne des Potenzials, das Kunst in sich trägt, wollten wir noch einen Schritt weiter gehen und KREUZWEISE um eine dritte Bedeutungsebene bereichern. Sinnbildlich dafür steht die »Weise«, ein altes deutsches Wort, das Melodie oder Lied bedeutet.

Anstatt uns gegenseitig kreuzweise zu können, sollten wir am Kreuz weise werden. Und dabei kann es helfen, Kreuzweisen zu singen.

Du bist noch skeptisch? Dann lade ich dich ein – sagen wir doch einfach einmal probeweise für die Zeit, in der du dich mit KREUZWEISE beschäftigst – die wunderbaren Texte von Andreas Boppart und auch die Lieder, Illustrationen und literarischen Texte als Wegbegleitung zu entdecken. Hin zu neuen, unverbrauchten, vielleicht einmal ganz anderen Erkenntnissen rund ums Kreuz. Vorbei an den natürlichen Denkmustern, Ängsten und Abwehrreaktionen, die du vielleicht von dir kennst, sobald das ganz andere in Bezug auf deinen Glauben um die Ecke kommt. Lass dir von der Kunst helfen!

Hast du zum Beispiel gewusst, dass es unmöglich ist, wütend zu sein oder

Angst zu haben, während man singt? Das wissen Menschen, die über viele Jahre in Isolation leben müssen, schon lange. Und eine große Mehrheit von uns spätestens seit der letzten großen Pandemie, die uns wochen- und monatelang in die Einsamkeit zwang.

Die Musikforschung kann inzwischen ziemlich genau sagen, was da in unserem Körper passiert, wenn wir laut – und vor allem in Gemeinschaft mit anderen – singen. So werden etwa beim Singen im Chor unsere Herzfrequenzen getaktet und stabilisiert. Auch unsere Psyche profitiert, wie Forschungen mehrfach bewiesen haben. Singen fördert die Produktion von stimmungserhellenden Hormonen und baut gleichzeitig Stresshormone ab.[3]

2004 untersuchte man die Speichelproben von Mitgliedern eines Kirchenchores, die das Requiem von Mozart sangen, und stellte einen deutlichen Anstieg des Immunoglobulins A fest.[4] Dieses Hormon hilft, Krankheitserreger in den Schleimhäuten zu bekämpfen. Wenn das keine Steilvorlage für mehr Kirchenchöre ist?!

Ich sehe die Mahnfinger bereits in die Höhe schnellen. Kirche heute hat aktuell doch weit größere Herausforderungen, als dass sie unser Immunsystem aufpäppeln sollte. Es gilt, Streitigkeiten rund um grundlegende Reformen zu überstehen, ganz zu schweigen vom Kampf gegen die schwindende Präsenz des christlichen Glaubens in der Gesellschaft. Ich sage es deshalb bewusst noch einmal: Vielleicht – und nur vielleicht – könnte es ja gerade in Zeiten wie diesen eine Hilfe sein, wenn wir uns die Ressourcen der Kunst zunutze machen.

Auf KREUZWEISE bezogen: Vielleicht lässt du dich am Ende eines Kapitels einfach mal von einer unserer Weisen an die Hand nehmen und singst dich hin zum Kreuz. Oder du hältst inne und erspürst das Geheimnis der sechs Begegnungen mit Christus durch die Illustrationen, anstatt es mit deinem Verstand auf einer Zeile festklopfen zu wollen. Und sollte dir etwas fremd sein, dann atme ein Gedicht ein, anstatt in Schnappatmung zu verfallen.

KREUZWEISE ist mehr als ein Buch, das noch kunstvoll dekoriert wurde. Es ist Faszination für das, was Christus für uns alle am Kreuz vollbracht hat. Dieser Faszination geben wir Ausdruck. Mit Worten, Musik und Bildern, möglichst unverbraucht und doch immer verbindend.

KREUZWEISE ist eine Kollaboration. Von Glauben und Kunst. Auf Augenhöhe. Auf dass dieses Zusammenspiel in dir nicht nur Räume eröffnet, um die Welt anders zu sehen, sondern dich bereits einen Blick auf den himmlischen Reichtum erhaschen lässt.

Am Kreuz weise werden? Öle deine Stimmbänder, werde Teil unseres Chors und begleite uns zum Kreuz.

Jonathan Schmidt
Internationaler Leiter von Central Arts

DAS KREUZ MIT DEM *KREUZ*

+

Das Kreuz ist ein Affront. Ein Skandalon. Falls es das nicht mehr ist, dann nur, weil wir alle Ecken und Kanten über die Jahrhunderte glatt gehobelt haben. Oder weil unsere Sensoren abgestumpft sind und wir uns zu sehr an es gewöhnt haben. Das geschieht manchmal mit Dingen. Im Auto von Bekannten riecht es penetrant nach Hund. Ein Umstand, den sie aber selbst gar nicht mehr wahrnehmen, weil es schlicht normal geworden ist.

Ich nenne das den »Notfallaufnahme-Betäubungseffekt«. Für eine Frau, die an der Rezeption der Notfallaufnahme sitzt, sind üble Verletzungen normal geworden, weil sie tagtäglich mit ihnen konfrontiert ist. Den Dialog stelle ich mir dann jeweils ungefähr so vor: »Grüezi. Ah, Sie haben ein Beil im Kopf. Ja, ich sehe es. Bitte füllen Sie dieses Formular aus: Name, Adresse, Versicherungsnummer, vegetarisch oder nicht, und dann bitte hier unten unterzeichnen. Der Arzt kommt in einer halben Stunde ...« Mir fehlt diese professionelle und abgebrühte Coolness in solchen Situationen. Mein Gesicht weist bereits Anzeichen von bleichen Stellen auf, wenn es jemandem nur mal eben den Fingernagel nach hinten umlegt.

Das Kreuz entwickelte sich über die Jahrhunderte vom unmenschlichen Folterinstrument über ein wichtiges Glaubenssymbol hin zu einem schmucken Accessoire. Und wir erliegen dabei dem Notfallaufnahme-Betäubungseffekt. Wir haben uns an die zwei gekreuzten Balken gewöhnt. Oder versuchen, die Schwierigkeiten wegzutheologisieren. Aber das Kreuz muss sperrig und kratzig bleiben – es hat das Bequemlichkeitslevel eines Kaktuskissens.

An diesem Kreuz prallt alles ungebremst aufeinander. An ihm kristallisiert sich die Fähigkeit des Menschen zur abgrundtiefen Bosheit. Gleichzeitig kondensiert sich an ihm aber auch der Charakter Gottes, seine überfließende und unverschämte Gnade. Es kollidieren Dunkelheit und Licht, Tod und Leben, die Vergangenheit und die Zukunft, das Noch-nicht und das Schon-jetzt. Die menschliche Attacke auf Gott wird entkräftet durch seine Nichtrache und seinen Nichtzorn. Seine Vergebungsbereitschaft zerstört wuchtig alle Vorstellungen von einem Gott, der uns im Leben eins auswischen möchte und uns abstrafend ansieht. An diesem Holz stoßen die Fronten zusammen wie zwei tektonische Platten, die eine vulkanische Eruption auslösen.

Der Tiefpunkt der Menschheit prallt auf den — Höhepunkt der Göttlichkeit. Es ist der Ort, wo sich die Fähigkeit des Menschen zur Unmenschlichkeit manifestiert und dabei den Dammbruch des himmlischen Gnaden-Stausees erzeugt. Es ist der Ort, wo die Versöhnung aus der anderen Welt in der unseren aufschlägt, die versöhnungsbedürftig danach lechzt. Der Ort, wo der Vorhang zerreißt, der das Irdische vom Himmlischen trennt.

Es ist der dramatische Höhepunkt der *Missio Dei*, der göttlichen Geschichte seiner nie endenden, sehnsüchtigen Bewegung auf uns Menschen zu, die in der Selbsthingabe gipfelt. Es ist der Knotenpunkt, an dem die Pläne des Bösen durchkreuzt werden, wo sich alles verbindet und klärt. Der Brückenschlag zu Gottes ursprünglichem Plan – der von Liebe durchdrungenen, tiefen Gemeinschaft von Gott und Menschen – geschieht wie der Durchstoß bei einem Tunnelbauprojekt: auch wenn der Tunnel damit noch nicht ganz fertiggestellt ist, ist der Weg unausweichlich gebahnt.

†††

Während das Kreuz unter Kaiser Konstantin zu einem Symbol der Stärke und der Macht erhoben wird, signalisiert es in seiner ursprünglichen Form vor allem den Nichtkampf und die Kapitulation – das Nichteingehen Gottes auf die Forderung des Bösen, dass etwas Böses mit etwas Bösem vergolten werden muss. Gott durchbricht diesen Teufelskreis der Zerstörung, den Vergeltungsmechanismus des Bösen, indem er nicht zurückschlägt. Sondern sich hingibt. Und damit die Menschheit nicht aufgibt. Gott reagiert anders.

Sein Herz ist von Mitleid für uns Menschen entbrannt *Hosea 11,7-9* – so redet Gott über sich selbst durch den Propheten Hosea. Und gerade weil er Gott ist und nicht ein Mensch, weil er heilig ist, wird uns sein Zorn nicht treffen. Sein vermeintliches Scheitern am Kreuz, dieser scheinbar ungöttliche Eklat, diese vermeintlich größte Niederlage der Weltgeschichte, entpuppt sich als bedeutendster Sieg. Mit der Auferstehung als triumphaler Krönung der Kreuzigungsgeschichte. Damit überwindet Gott die Trennung zwischen sich und uns Menschen selbst. Er schafft Erlösung für die Schöpfung, die durch Sünde korrumpiert ist. »Denn hinter dem scheinbar so widersinnigen Handeln Gottes steht eine Weisheit, die alle menschliche Weisheit übertrifft; Gottes vermeintliche Ohnmacht stellt alle menschliche Stärke in den Schatten.« *1. Korinther 1,25**

Dass ein mächtiger Gott schwacher Mensch wird und am Ende an ein Holz genagelt stirbt, um dadurch auf das Recht auf einen Gegenschlag zu verzichten und Liebe in Reinkultur zu demonstrieren sowie Versöhnung zu ermöglichen, ist mehr als nur ein bisschen kantig. Es ist eklatant und empörend. Unbegreiflich und einzigartig. Deshalb ist es nicht verwunderlich, dass damals wie heute Menschen mit dem Kreuz und dem Kreuzgeschehen ringen.

Die älteste bildliche Darstellung der Kreuzigungsgeschichte ist bezeichnenderweise eine Karikatur: ein Mann mit Eselskopf am Kreuz. Es ist ein 1857 entdecktes Graffito aus dem zweiten Jahrhundert, eingeritzt in eine Hauswand auf dem Palatin in Rom, dem am längsten besiedelten Hügel Roms. Links vom Kreuz steht in dieser Abbildung ein zweiter Mann, der seine Arme zur Anbetung erhebt. Und darunter lassen sich in krakeliger Schrift die Worte »ALEXAMENOS CEBETE THEON« entziffern, »Alexamenos huldigt Gott«. Es ist eine Karikatur, die sich darüber belustigt, einen Gott zu verehren, den man der Lächerlichkeit preisgegeben und gekreuzigt hat. Paulus spricht von dieser Spannung und dem gekreuzigten Christus, dass es für die einen »Torheit« *1. Korinther 1,18* und für die anderen, die daran glauben, »Gotteskraft« ist.

Es ist wichtig, uns immer wieder vor Augen zu malen, dass dieser Christus, der Gekreuzigte, am Ende der Stolperstein am Glauben ist. Dass er es immer schon war und immer bleiben wird. Dabei schreibt Paulus nicht, dass sich für uns die Torheit durch Offenbarung und Erkenntnis auflösen wird – sondern dass genau in dieser vermeintlichen »Dummheit Gottes« unsere Gotteskraft liegt. Dieser Gott, der Mensch wird, sich für uns hingibt – das ist das Unvorstellbare, das Skandalöse, das Unerträgliche. Und nicht etwa all die Lieblingsthemen von uns Christen heute, mit denen wir immer wieder innerkirchlich, aber auch gesellschaftlich auf Kreuzzüge gehen, um unsere theologischen Lieblings-Hochburgen zu verteidigen.

Wenn etwas skandalträchtig ist, dann ist es ein Gott, der Mensch wird, um uns so richtig nahezukommen, und der sich dann von uns ans Kreuz schlagen lässt. Ein

Messias, der am Kreuz endet. Und doch ist es nicht das Ende, sondern vielmehr der große Neustart. Weil sein Sterben und die Auferstehung alles – das Böse und selbst den Tod – überwindet und dadurch Leben und Gotteszugang freisetzt. Und Vergebung – eines der großartigsten christlichen Schätze überhaupt. Deshalb kann man das Kreuz nur in untrennbarer Verbindung mit der Auferstehung sehen. Sie ist der unüberbietbare und sichtbare Beweis der alles überwindenden Macht Gottes, die selbst im Sterben noch neues Leben erschafft. Eine unerschütterliche Hoffnung für alle, die leiden. Die Wirklichkeit des Heils wurde durch das Kreuz und die Auferstehung geschaffen. Immer wenn das Wort »Kreuz« fällt, muss »Auferstehung« als Echo dazu in unserer Ohrmuschel widerhallen.

+++

Das Kreuzgeschehen kann zu kognitiven Dissonanzen führen, denn es ist multidimensional. Es wird von vielen Bildern eskortiert, die uns jeweils einen anderen Blickwinkel ermöglichen. Die verschiedenen Bilder sind für sich allein stehend manchmal schwierig zu greifen, gleichzeitig können sie nebeneinanderstehend auch Spannungen erzeugen. Noch schwieriger wird es, wenn wir die Bildwelt ungeschickt überlagern und vermischen. Zudem werden manche der Schwierigkeiten oder scheinbaren Widersprüche erst durch unsaubere historische Herleitung erzeugt.

Auf der einen Seite geht es darum, Kritik zuzulassen. Ehrlich zu werden und auszusprechen, dass es schwierige, vielleicht aufwühlende Themenkomplexe gibt. Die Kraft des Kreuzes liegt genau in dieser Vielschichtigkeit und seinem Bilderreichtum. Es ist so facettenreich, dass es immer einen Anknüpfungspunkt in die reale Gegenwart hinein gibt.

Auf der anderen Seite müssen wir anerkennen, dass das Kreuz für den christlichen Glauben zentral ist und dass dort mehr geschehen sein muss als nur die symbolische und sinnbildliche Manifestation eines lieben Gottes. Ich kann die schwierigen Bilder in der Bibel stehen lassen, ohne dass sie dabei mein Gottesbild ankratzen. Ohne alles verstehen zu müssen, kann ich es dabei belassen, dass dort am Kreuz etwas Großes geschehen ist. Etwas dermaßen Einschneidendes, dass es den Lauf der Zeit für immer verändert hat. Man kann dem irrigen Glauben verfallen, dass man mit genügend hermeneutischer Arbeit den christlichen Glauben glatt gestrichen bekommt, und deshalb versuchen, zu viel der Spannung aufzulösen. Das ist etwa so hilfreich, wie wenn ich beim Trampolin im Garten auf einer Seite alle Federn entferne. Das Trampolin wie auch der Glaube leben von Spannung.

Es geht nicht um die eine korrekte Theologie, die wir verteidigen müssen, um so etwas wie dem Zerfall der Kirche oder der Gesellschaft vorzubeugen. Die Kirche steht oder fällt, die Gesellschaft macht Schwankungen durch, genauso wie auch das Christentum selbst. Wir pendeln durch die Zeitgeschichte und schießen dabei immer mal wieder übers Ziel hinaus, um dann wieder umzukehren. »Kehrt um, denn das Königreich Gottes ist nahe herbeigekommen« *Matthäus 3,2*, ruft uns Jesus deswegen bis heute zu.

Am Ende wird sich das Wahre und Gute durchsetzen, denn das ist Gott selbst. Und immer wieder werden Menschen den Weg zum Licht finden.

Das Kreuz markiert schon jetzt den vollbrachten Sieg. Gott ist »groß« genug, um für sich selbst zu kämpfen. Das entbindet uns nicht von der Verantwortung, für unsere Überzeugungen aufzustehen. Nur ist entscheidend, dass wir nicht fälschlicherweise unsere eigene Agenda zu »Gottes heiligem Kampf« deklarieren. Dass wir unseren Kampf anderen aufzwingen. Und am Ende, anstatt für etwas zu kämpfen, gegeneinander kämpfen.

Man ist dann leicht so überzeugt von der eigenen Stoßrichtung, dass alle, die diese nicht mittragen, automatisch in ein Feindbild gepresst werden. Wie leicht vergisst man dann, sich um ein Verstehen zu bemühen, warum diese Personen in die andere Richtung ziehen. Dabei würde sich durch ehrliches Zuhören sehr oft ebenfalls Gutes und Wahres ausmachen lassen, selbst wenn man mit dem Endresultat nicht übereinstimmt. So mancher »Kampf« führt deshalb trotz bester Absichten nicht ins Leben. Selbst Jesus hat den ungesunden Kaiserkult von damals nicht bekämpft, wie viele es erwartet hätten, sondern seine Zeitgenossen mit seiner Aussage verblüfft: »So gebt dem Kaiser, was des Kaisers ist, und Gott, was Gottes ist!« *Matthäus 22,21* Wir sollten unseren Hill to die on äußerst sorgfältig und weise wählen. Und wir können uns dabei auch eine Scheibe Entspanntheit von Jesus abschneiden.

+++

Ich habe mich deshalb für den Weg entschieden, die Spannungen auszuhalten, die das Kreuz erzeugt. Die Spannung zwischen Torheit und Gotteskraft, wie es Paulus nennt. Hilfreich finde ich dabei, zu verstehen, dass wir es bei den Begrifflichkeiten ums Kreuz mit einer Bildsprache zu tun haben, derer sich die Autorenschaft der Bibel bedient hat, um Licht auf das Ganze zu werfen. Es ist vom Opferlamm die Rede, vom Sühnetod, vom reinigenden Blut, vom Versöhnungsfest, der Erlösung, der Rechtfertigung, von Stellvertretung, Loskauf, Hingabe, einem Bund, der Rettung und von vielem anderen. Die Begriffe beziehen sich auf verschiedene Kontexte, die den Menschen damals sehr geläufig waren. Alltagssprache, alltägliches Leben: der jüdische Tempel mit den Opferritualen, der Sklavenhandel und der Loskauf aus der Sklaverei, das Strafrecht und der Gerichtssaal.

Jede Metapher ist wie eine Taschenlampe, mit der wir das Kreuz von einer bestimmten Seite aus beleuchten. Und während es uns diesen Bereich des Kreuzes im Lichtkegel erhellt, fällt auf der anderen Seite ein Schatten. Jedes Bild, das als Erklärung verwendet wird, ist deshalb immer nur eine Annäherung und hat immer auch eine Begrenzung. Es ist so, wie wenn mich jemand fragt, der noch nie einen Hund gesehen hat, was ein Hund ist. Ich kann ihm erklären, dass ein Hund wie eine Katze ist, nur mit mehr Wuff. Oder er will wissen, was ein Baum ist, und ich sage ihm, dass das so etwas wie ein überdimensionaler Brokkoli ist, nur mit mehr Holz. Beide Erklärungen sind nicht schlecht, aber werden am Ende der eigentlichen Sache nicht gerecht.

Wir können das auch an den Bildern erkennen, die für Gott gebraucht werden:

Löwe, Hirte, Vater, Henne, Lamm, König … alles starke Bilder, die Licht auf einen Aspekt von Gott werfen. Aber am Ende werden sie alle Gott nicht gerecht. Er jagt keine Gazellen wie ein Löwe, er lässt sich nicht scheren wie ein Schaf und wird auch kaum Eier legen wie ein Huhn. Wenn man sich zu stark auf das eine Bild konzentriert, kann man es überstrapazieren und dabei Gott in eine Box hineinzwängen, die viel zu klein ist. Genauso ist es auch beim Kreuz. Wenn man die Deutung überdehnt, kommt man dann bei Bildern wie »Opferlamm«, »Lösegeld« oder »Stellvertretertod« gern mal ins Straucheln. Die Irritationen werden jedoch oft nur deshalb hervorgerufen, weil wir die verschiedenen Bilder übereinanderlegen und dabei zum Beispiel durch die Überlagerung von »Opferlamm« und »Loskauf aus Sklaverei« neue Aussagen entstehen können, die so nicht im ursprünglichen Bild enthalten sind.

Die Bibel wirkt manchen der möglichen Stolpersteine klärend entgegen, wie zum Beispiel hier:

»Denn Gott war in Christus und versöhnte die Welt mit ihm selber und rechnete ihnen ihre Sünden nicht zu und hat unter uns aufgerichtet das Wort der Versöhnung.«

2. Korinther 5,19

Gott war in Christus, das bedeutet, dass er sich selbst ans Kreuz hat nageln lassen – was den Vorwurf von einem Vater, der seinen Sohn opfert, entkräftet. Es geht nicht darum, dass Gott am Kreuz eine unschuldige dritte Partei, Jesus, bestraft hat. Das wäre barbarisch. Nein, Gott selbst kam auf diese Erde in der Person seines Sohnes. Gott war in Christus und hat uns mit sich versöhnt. Beim Kreuz geht es auch nicht etwa um einen Gott, der irgendwie versöhnt werden müsste, sondern um die Welt, die Menschheit und die Schöpfung, die versöhnungsbedürftig sind. Was bei diesem Vers ebenfalls ins Auge springt, ist die Tatsache, dass Gott durch Christus und das Kreuz das Wort der Versöhnung aufgerichtet hat. Dazu passt als eine treffende Neo-Metapher das Bild einer Injektionsnadel. Dieses Bild ist nicht in der Bibel zu finden (oder du schaust mal in 1. Andreas 19,79 nach), aber es gefällt mir gut, um zu greifen, was da eigentlich vor sich ging.

Wir leben in einer Welt, die unter dem Bruch, der sich zwischen ihr und Gott ereignet hat, ächzt und leidet. Römer 8,22 Sie ist wie ein Körper, in dem sich nach dem Biss einer Schlage das Gift ausbreitet. Und genauso, wie man dort eine Spritze mit dem Gegenmittel setzt, wurde das Kreuz in den Boden gerammt, um dieses

Gegengift in die Schöpfung zu injizieren. Es ist das Antiserum der Erlösung von allem, was die Welt vergiftet – nicht nur unsere persönliche Seele. Die Erlösungs- und Versöhnungskraft, der große Schalom, der den Urzustand der Schöpfung ausgemacht hat und den Gott nun wieder ins System eingespeist hat.

Für mich erübrigt sich die Frage, ob Gott denn nicht schon vor dem Kreuz vergeben konnte. Natürlich konnte er. Jesus selbst vergibt vor seinem Sterben Sünden *Markus 2,1-12* und bereits im Alten Testament kann ein David in Psalm 51 um Vergebung bitten. Das darf uns aber nicht automatisch darauf schließen lassen, dass das Kreuz überflüssig geworden ist, Jesus nur Opfer der Menschen war und die Kreuzigung somit nur noch symbolisch angesehen werden sollte. Am Kreuz ist etwas Geheimnisvolles passiert, etwas unerklärlich Großes, ein Versöhnungsakt, der mit nichts anderem in der Menschheits- und Weltgeschichte zu vergleichen ist.

Ich glaube, dass Gott außerhalb von Raum und Zeit existiert – auch wenn er sich selbst ins Zeitgeschehen hineinbegibt, sich in der Zeit verwirklicht und in den Raum hinein zum Menschen wird. Deshalb konnte sich dieses Versöhnungswirken von der Einstichstelle der Kreuzinjektion aus in alle Richtungen ausbreiten. Rückwirkend in die Vergangenheit hinein, vorwärtsbewegend durch die Zukunft, bis in unsere Gegenwart und besonders stark sichtbar rund um die »Einstichstelle«, wo sich augenscheinlich zahlreiche Transformationserlebnisse abgezeichnet haben.

Verschiedene Gruppierungen werfen sich gegenseitig vor, mit dem Kreuz nicht angemessen umzugehen. Die einen hören den Vorwurf, alles kritisch zu sezieren, bis kein Leben mehr darin auffindbar ist, während anderen vorgeworfen wird, nicht denkend und naiv alles abzunicken und unkritisch zu schlucken. Dabei bergen sowohl das unkritische wie auch das überkritische Lesen von Gottes Wort gleichermaßen Gefahren. Beidem ist geschichtlich viel Unheil entwachsen. Ich wünsche uns allen, dass wir die Ehrfurcht vor dem, was am Kreuz geschah, nicht verlieren.

Anstatt darüber zu streiten, was genau am Kreuz geschehen ist, und sich gegenseitig den Glauben abzusprechen oder sich ein »Du kannst mich kreuzweise!« anzuhängen, schlage ich vor, eine Kultur der »hermeneutischen Demut« anzustreben. Das beginnt mit Zuhören.

Wir wissen viele Dinge nicht, können sie nur miteinander und im Gespräch umkreisend ergreifen. Jedoch: Ob Gott schon vor dem Kreuz oder erst nach dem Kreuz vergeben konnte, ändert nichts an dem Fakt, dass er ein Gott ist, der vergeben will. Ich werde nicht an der Himmelstüre anklopfen und ankreuzen müssen, wie viele dieser theologischen Metaphern ich geliebt und verstanden habe. Ich werde nicht beantworten müssen, wo ich meine den Zeitpunkt der wahren Vergebung verortet zu wissen, wie das Kapitel von Dismas gut beleuchtet.

Das Kreuz lässt sich denkerisch nicht glatt hobeln. Es lässt sich nicht menschlichem Verstehensdurst unterwerfen. Wir werden nie an den Punkt gelangen, an dem wir Gott und sein Heilswirken durchdringend verstanden haben. Epheser 2,7 verdeutlicht, dass Gott uns bis weit in die

Ewigkeit hinein immer neu und immer weiter die Größe seiner Gnade aufzeigen muss. Wir sind zu Lebzeiten nicht fähig, den ganzen Reichtum von dem zu erfassen, was er in Christus getan hat. Genauso wird es wohl auch mit anderen Wesenszügen von Gott sein. Mit seiner Liebe, seiner Vergebung, seiner Schöpfungskraft. Weil Gott als Schöpferwesen auch außerhalb meines Verstandes und meines Denkhorizonts immer noch Gott ist und nicht etwa durch diesen begrenzt wird. Deshalb scheint mir das einzig Richtige, dass wir die Spannung des Nichtverstehens aufrechterhalten und maximal fröhlich aushalten. Dass wir Gott nicht irgendwie denkend besitzen oder verzwecken wollen. In dem Moment, in dem wir Gott so klein bekommen haben, dass er in unsere Glaubensbox hineinpasst, haben wir ihn verloren. Und das, was dann in unserer Box drin ist, ist nicht Gott, sondern nur unser klein skaliertes Zerrbild.

Meister Eckhart, Theologe und Mystiker (1260–1328), hat einmal den Ausspruch geprägt: »Gott ist keine Kuh.« »Manche Leute wollen Gott mit den Augen ansehen, mit denen sie eine Kuh ansehen, und wollen Gott lieben, wie sie eine Kuh lieben. Die liebst du wegen der Milch und des Käses und deines eigenen Nutzens. So halten's all jene, die Gott um äußeren Reichtums oder innerer Tröstungen willen lieben. Die aber lieben Gott nicht recht, sondern sie lieben ihren Eigennutz.«[5] Man kann Gott nicht verzwecken – genauso wenig besitzen. In der gedanklichen Erblinie von Eckhart sage ich deshalb: »Gott ist keine Qualle.«

Ich hatte als Jugendlicher im Meer eine Qualle gefangen und wollte sie im Spülbecken des Campingplatzes aufbewahren. Am nächsten Morgen fand ich jedoch nur noch Wasser im Spülbecken und war überzeugt, dass mir jemand meine Qualle gestohlen hat. Leider war ich biologisch-physikalisch damals noch nicht ganz so versiert, weshalb ich nicht auf die Idee kam, dass es keine gute Idee war, eine Qualle, die zu 99 Prozent aus Wasser besteht, in ein Süßwasserbecken zu legen. Die Osmose tat dann ihren Dienst und die Qualle »quoll« bis zur vollständigen Selbstauflösung auf. Hätte ich sie in Salzwasser gelegt, hätte ich sie mir allerdings halten können.

Gott ist keine Qualle – man kann ihn weder verzwecken wie eine Kuh noch besitzen wie eine Qualle. Wir müssen ihn deshalb nicht durch alle möglichen menschlichen Erklärungen des Göttlichen berauben und ihn oder das Kreuzgeschehen am Ende entmystifizieren. Sondern die Spannung und das dadurch pulsierende Leben genießen, die er erzeugt. Die Realität Gottes wird immer unser Denken und Verstehen übersteigen. *Epheser 3,19* Das heißt nicht, dass wir nicht versuchen sollen, zu verstehen. Wir dürfen Denken als Anbetung entdecken, das, was Gott uns offenbart, verstehen. Ein demütiges Verstehen wird uns aber vielmehr und immer wieder zum Staunen führen und weniger zum »Jetzt habe ich es begriffen«. Wie wir es drehen oder wenden – die Spannung von Torheit und Gotteskraft bleibt. Bei den hitzigen Diskussionen über das Kreuz ringen oftmals der Eifer um das Wahre und der gefühlte innere Auftrag, dem falschliegenden Gegenüber die Augen öffnen zu müssen, eine Kultur des Respekts und des Zuhörens nieder. Die Debattierenden würden sich am liebsten mal kreuzweise.

KREUZWEISE ist mehr als ein Buch mit Musik und Illustrationen. Es ist ein Aufruf, den Blick von dem wegzuwenden, was immer Bestandteil von Diskussionen und Vermutungen bleiben wird, und auf das zu blicken, was augenscheinlich ist: das transformatorische Versöhnungswirken, das die Menschen immer und immer wieder erfasst und durchdrungen hat.

Gottes Versöhnungskraft durchdringt seit der Kreuzigung von Jesus die letzten Winkel des Universums, die letzten Winkel dieser Erde, die letzten Winkel meines Herzens. Sie bestimmt meine Zukunft genauso wie den Atemzug, während ich diese Worte hier schreibe.

Für diese Briefzeilen an die Korinther würde ich Paulus gerne einmal heftig umarmen: »An diesen Grundsatz habe auch ich mich gehalten. Als ich zu euch kam, Geschwister, um euch das Geheimnis zu verkünden, das Gott uns enthüllt hat, versuchte ich nicht, euch mit geschliffener Rhetorik und scharfsinnigen Argumenten zu beeindrucken. Nein, ich hatte mir vorgenommen, eure Aufmerksamkeit einzig und allein auf Jesus Christus zu lenken – auf Jesus Christus, den Gekreuzigten.« *1. Korinther 2,1-2** Gerne konzentriere ich mich gemeinsam mit Paulus auf Christus, den Gekreuzigten. Er betont die Person Jesus Christus, es geht ihm um eine Beziehung zum gekreuzigten und auferstandenen Christus. Ich würde das etwas weiten und sagen, dass ich nichts anderes bringen möchte als Christus, den Lebenden, den Gekreuzigten und den Auferstandenen. Der Blick aufs Kreuz ist deshalb so zentral, weil es alles zusammenhält, das Vorher und das Nachher. Und genau deshalb liebe ich diesen Schnittpunkt im Versöhnungsgeschehen Gottes. Mir ist wichtig, nicht eine aufs Kreuz reduzierte Sichtweise zu postulieren – sondern lieb zu machen, durchs Kreuz und durch Christus, den Gekreuzigten, auf alles zu blicken. Das Kreuz hält alles zusammen. Es ist der Ort der Versöhnung, der Rettung, der Vergebung, der Wiederherstellung, der Heilung, der Befreiung, der Ent-Schämung, der Trennungsüberwindung, des Sieges, des Lebens und der Hoffnung.

Der Blick durch Jesus am Kreuz lässt uns kreuzweise werden.

Dazu werfen wir einen Blick auf einzelne Begegnungen mit Jesus, die rund ums Kreuz stattgefunden haben. Bewegen wir uns gemeinsam also ein Stück weg von der Deutung und hin zur Wirksamkeit des Kreuzes. Das ist für mich eine sehr persönliche und intime Angelegenheit. Denn nichts im christlichen Glauben bewegt mich tiefer und eindringlicher, als die Transformation miterleben zu dürfen, die eine persönliche Begegnung mit Christus damals wie heute in einem Menschenleben hervorruft.

Die Serie *The Chosen* hat das an vielen Stellen herausragend ausgemalt – und bei so ziemlich jeder Folge saß ich mit Tränen in den Augen auf meinem Sofa und vergaß dabei, meine Paprikachips weiterzukauen. Dieselben Erfahrungen mache ich, wenn ich die Personen in den biblischen Texten studiere. Ab und zu sitze ich dann bewegt von Gottes Wirken im Leben der Marias, Dismasses und Abenadars vor meiner Bibel und wische mir ein paar Tränen aus den Augenwinkeln. Dankbar dafür, dass dieser Jesus seine Wirkungskraft auch in meinem Leben entfaltet. Gerne möchte ich dich mit hineinnehmen. Weil sich beim Blick auf und durchs Kreuz vieles neu sortiert. Und nicht selten erstaunlicherweise wohltuend auflöst.

NIE
WIEDER
DERSELBE

1

SIMON, DER KREUZTRÄGER

—

ÜBERRASCHT VON GOTT

Eine Person, die rund ums Kreuzgeschehen auftaucht und dabei eine der wohl berühmtesten und gleichzeitig zu Unrecht ignorierte Nebenrolle in der ganzen Dramaturgie eingenommen hat, ist Simon von Kyrene. Die Evangelien-Autoren widmen ihm nur einen einzigen Vers. Er taucht in dem biblischen Geschehen auf, wie ein Wal, der kurz nach Luft schnappt, um dann gleich wieder unter die Wasseroberfläche der biblischen Ereignisse abzutauchen. Nichtsdestotrotz hat sein kurzer Besuch an der Oberfläche ein paar Wellen geschlagen, denen es sich nachzublicken lohnt.

Mit welchen Gefühlen Simon die Szenerie beobachtete, bleibt Spekulation. Was in ihm abging, als er nachher das Kreuz tragen musste und plötzlich unerwartet nicht mehr der passive Zuschauer war, sondern für kurze Zeit eine der bedeutendsten historischen Nebenrollen spielen musste? Das können wir nur erraten. Und eigentlich könnte man das Kapitel deshalb hier bereits wieder beschließen. Wären da nicht ein paar unscheinbare Indizien, die den Vorhang doch noch einen Spaltbreit aufziehen und uns hinter die Kulisse blicken lassen. Dorthin, wo sich schemenhaft eine eindrückliche und lebensverändernde Begegnung zwischen Simon und Jesus abzeichnet.

Simon war aus Kyrene, einer römischen Kolonie im heutigen Ostlibyen. Dort gab es damals eine jüdische Minderheit. Er war aufgrund dieser Herkunft wohl dunkelhäutig. Lukas berichtet, *Lukas 23,26* dass Simon vom Feld kam, wo er wahrscheinlich gearbeitet hatte, und mehr oder weniger ins Passionsgeschehen hineingestolpert ist. Später wurde er von den römischen Soldaten gezwungen, den Kreuzbalken für Christus zu tragen. Markus erwähnt gefühlt wie nebenbei, dass Simon der Vater von Alexander und Rufus ist. *Markus 15,21*

Simon war bis dato wohl kaum ein glühender Anhänger von Christus. Markus beschreibt, dass er an diesen kreuzschleppenden Männern und dem dichten Gedränge der Schaulustigen »vorüberging«. Ein Nachfolger von Christus hätte von der Kreuzigung gewusst und wäre nicht unbekümmert seiner Arbeit nachgegangen, während der Rabbi gefangen genommen, gefoltert und für die Kreuzigung nach Golgatha zur Schädelstätte geführt wurde. Simon hatte sich also nicht von der Arbeit abgemeldet, um seinem Meister beizustehen, vielmehr schien ihm diese Kreuzigung gleichgültig zu sein. Gut möglich, dass er vom Radau der Menschenmasse angezogen wurde, die am Morgen nach seiner Feldarbeit zufällig seinen Nachhauseweg kreuzte, während er vielleicht auf ein störungsfreies und ereignisloses Mittagessen gehofft hatte.

Ich versuche uns einmal das Bild zu malen, wie es sich hätte abspielen können.

+++

Ich habe vor Augen, wie Simon wie an jedem normalen Tag mit knurrendem Magen nach Hause zieht. Dabei spürt er schon erste Anzeichen von einem Hungerast – was bei mir zu ganz unschönen Situationen führen kann, da mein Aggressionspotenzial exponentiell anschwillt, meine Frustrationstoleranz in gleichem Ausmaß sinkt. Eigentlich will er nach Hause, aber von Neugier übermannt drückt er sich dann doch zwischen den sensationsgierigen Gaffern nach vorne, um zu sehen, was da los ist.

Er war Jesus nie direkt begegnet, hatte aber vereinzelte Geschichten und Gerüchte über diesen Wundertäter gehört. An einer Stelle in der Menge kann er sich ganz nach vorne schieben und landet mitten im Geschehen: Direkt vor sich sieht er drei Verurteilte, die ihre Kreuzbalken nach Golgatha schleppen müssen. Dabei ist unschwer zu erkennen, dass sich die Aufmerksamkeit der Masse stark auf einen konzentriert. Der Mann ist kurz vor dem Zusammenbruch – der Rücken blutig und zerfetzt, ein Dornenkranz in die Kopfhaut eingedrückt, mit schwankendem Schritt und starrem Blick. Er wird von den einen bespuckt und getreten, während andere um ihn zu weinen scheinen.

Simon hat dann auch rasch genug gesehen. Schon früh hat er gelernt, dass man bei Menschenaufläufen besser fährt, wenn man sie meidet. Und dass man bei der römischen Besatzungsmacht besser schaut, dass man nicht auffällt. Seit seiner Jugendzeit hat er immer versucht, sich mit leicht gesenktem Kopf und abwesendem Blick ein bisschen durchsichtiger zu machen, wenn wieder eine Person gesucht wurde, um eine ungeliebte Aufgabe auszuführen. So dreht er sich auch jetzt auf seinem Absatz weg, um sich wieder seinem Hungergefühl und dem Nachhauseweg zu widmen. Da packt ihn ohne Vorwarnung eine starke Pranke an der Schulter.

»Hey!«

Als Simon sich umdreht, schreit ihn einer der Soldaten mit energisch gerötetem, leicht aufgedunsenem Gesicht an. Er soll den Balken von diesem Jesus für ihn tragen.

Simon unterdrückt die negativen Emotionen, die hochkommen. Er wischt sich die Spucke des Römers mit einem Ärmel von der Backe und linst über dessen Schulter. Dabei fällt sein Blick auf den am Boden kauernden Mann, den sie Jesus nennen. Am liebsten hätte er in diesem Moment seine Stirn ein paar Mal an den Holzbalken gedonnert. Wieso hat er es nicht geschafft, seine Neugier zu unterdrücken und einfach vorbeizugehen? Er säße bereits jetzt schon zu Hause bei Fladenbrot und Dattelsirup. Wieso musste er da in die vorderste Reihe drängen, wo er mit seiner kräftig gebauten Arbeiterstatur und der Hautfarbe natürlich auffallen würde?

Aber es war zu spät. Innerhalb einer Sekunde änderte sich für Simon alles. Die Gegenwart wie auch die Zukunft. Vom passiven Beobachter wird er ungewollt zum Mitträger. Die Römer zwingen ihn, das Kreuz für diesen einen geschundenen Mann zu tragen.

Ekel durchzuckt Simon, als er sich den Balken auf seine breiten Schultern hievt, an dem bereits eine Mischung aus Blut, Schweiß und Hautfetzen vom ausgepeitschten und misshandelten Körper klebt. Während er die ersten Schritte geht, übermannt ihn Selbstmitleid. Wieso ich? Wieso immer und jedes Mal wieder ich? Wieso bin ausgerechnet ich am falschen Tag zur falschen Zeit am falschen Ort – und mit den falschen Menschen zusammen? Und wenn ich dann irgendwann nach Hause komme, muss ich mir auch noch die Vorwürfe meiner Frau anhören, wo ich gewesen bin ... Eine unglückliche Verkettung von Falschheiten hat dazu geführt, dass er nun in dieser leidigen Situation neben Verbrechern mitleiden muss. Männer, die ihr Schicksal bestimmt verdient haben, nicht so wie er.

Wie ein aufkommendes Sommergewitter beginnen sich in ihm Wut- und Abneigungswolken gegenüber Jesus aufzutürmen, dem er die Situation zu verdanken hat. Aber womöglich ist es nie zum Gewitterausbruch der Gefühle gekommen – denn wenn wir die Geschichte von Simon vorwärtsspulen, können wir ein lebensveränderndes Ereignis erahnen.

Interessanterweise taucht nämlich ziemlich unerwartet bei der ersten Missionsreise von Paulus, die ihn von Antiochia über Zypern nach Antiochia in Pisidien führte, wieder ein Simon auf. *Apostelgeschichte 13,1* Wir lesen da von diesem Simeon, oder Simon, genannt Niger, und von einem Luzius aus Kyrene. Niger war damals das gebräuchliche Wort für dunkelhäutige Menschen. Das deutet darauf hin, dass dieser Simeon ebenfalls aus Afrika stammte, womöglich ebenfalls aus Kyrene, weil er mit Luzius aus Kyrene zusammen genannt wird. Gut möglich, dass es Freunde waren, die da gemeinsam zu der abenteuerlichen Reise antraten. Der Gedanke liegt auf der Hand, dass wir es hier womöglich mit demselben Simon von Kyrene zu tun haben, der den Kreuzweg kreuzte. Und falls ja, muss die adäquate Folgefrage lauten: Was genau ist ihm zwischen dem Hineinstolpern in die Passionsgeschichte und der Missionsreise mit Paulus passiert? Die Antwort ist naheliegend:

Jesus.
Jesus ist ihm passiert.

Ob Simon und Jesus überhaupt Worte miteinander gewechselt haben oder ob sie beide schweigend und schmerzversunken nebeneinander hergingen, ist nicht übermittelt. Vielleicht haben sich ihre Blicke gekreuzt und Jesus hat ihm dabei kaum merklich dankbar zugenickt. Vielleicht hat er ihm in einem Satz auch seine Dankbarkeit ausgedrückt, weil es eine der allerletzten Gesten von Menschlichkeit war, die ihm jemand zu Lebzeiten so kurz vor seinem Tod noch zukommen ließ – wenn auch unfreiwillig. Vielleicht war Simon auch von der Tatsache verwirrt oder beeindruckt, dass dieser zu Tode verurteilte Mann die weinenden Frauen, die sie umgaben, dazu aufforderte, nicht um ihn zu weinen, sondern sich der eigenen Situation bewusst zu werden. *Lukas 23,27-28*

Wir wissen nicht, ob sich Simons Selbstmitleid gewandelt hat, ob er am Ende doch noch übermannt von Mitleid diesen Kreuzbalken nach Golgatha getragen hat. Unabhängig davon, ob die Römer es zugelassen hätten oder nicht, schien ein eigeninitiatives Eingreifen, um dem leidenden Christus zu Hilfe zu kommen, bei niemandem sonst vorhanden gewesen zu sein. Jedenfalls wird davon nichts berichtet. Der Bystander-Effekt bezeugt, dass bei einer Notsituation die Wahrscheinlichkeit, dass einer Person geholfen wird, mit steigender Anzahl der anwesenden Personen abnimmt. Jeder Passant durchläuft laut den Sozialpsychologen Latané und Darley einen inneren Prozess von fünf Schritten, bevor er hilft – und andere Menschen bilden aus verschiedenen Gründen ein zusätzliches Hindernis bei diesen Stufen. Man denkt sich dann so etwas wie: »Wäre es wirklich ganz schlimm, hätte bestimmt schon jemand anderes eingegriffen« (pluralistische Ignoranz). Man will sich nicht blamieren, oder man wartet einfach darauf, bis jemand anderes den ersten Schritt macht, weil bei so vielen Menschen das Gefühl der Eigenverantwortung abnimmt.

Aber Simon *musste* helfen. Und er fand sich so ungewollt ganz nah bei Jesus wieder. Eine Begegnung, von der ich glaube, dass sie den Lauf seines Lebens und den seiner Familie für immer verändert hat. Denn die Tatsache darf uns aufhorchen lassen, dass die Söhne von Simon mit Namen genannt werden. Es gibt zahlreiche andere Personen in der Bibel, deren Namen wir nicht kennen – wie die Frau am Brunnen, die einfach die Frau am Brunnen ist und bleibt. Oder auch den Jungen, der bei der wunderhaften Essensvermehrung die fünf Brote und zwei Fische brachte, und der einfach als namenloser Junge in der Geschichte auftaucht.

Genau wie der Junge war auch Simon unverhofft ins Zentrum des Geschehens gerückt und hat dabei Dinge erlebt und wahrgenommen, die nur aus dieser Perspektive möglich gewesen sind. Dass er und seine Söhne mit Namen genannt werden, während andere Namen verborgen bleiben, ist bestimmt nicht grundlos so. Eine sehr naheliegende Erklärung dafür ist, dass die damaligen Adressaten der Texte diesen Simon und die beiden Söhne gekannt haben mussten. Ein großer Unterschied zu einem Jungen, der in der Masse anonym geblieben ist, und zu einer unbekannten Frau aus Samarien, einem Gebiet, in das man als Jude kaum freiwillig den Fuß gesetzt hat.

Paulus schreibt an die Gemeinde in Rom einen Brief und dabei taucht an einer Stelle, an der er Grüße an die römische Gemeinde übermittelt, plötzlich wieder ein bekannter Name auf: »Grüßt Rufus, den Auserwählten im Herrn, und seine Mutter, die auch mir eine Mutter geworden ist.« *Römer 16,13* Rufus taucht als Name nur genau an zwei Stellen in der Bibel auf – als Sohn von Simon im Markusevangelium und dann in diesem Schreiben an die römische Gemeinde. Die Wissenschaft vermutet, dass Markus als Schreiber des Evangeliums aus der urchristlichen Gemeinde in Jerusalem stammt und sein Buch dann in Rom verfasst hat. Damit schließt sich ein erstaunlicher Kreis. Es macht absolut Sinn, im Markusevangelium Simon, Alexander und Rufus mit Namen zu erwähnen, wenn dieses Buch in Rom verfasst worden ist, wo man diesen Simon, den Alexander und den Rufus auch gekannt hat.

Der Abgleich der Passagen aus der Apostelgeschichte und dem Römerbrief weckt in mir die Überzeugung, dass die Begegnung mit Jesus das Leben von Simon auf den Kopf gestellt hat und sein Denken verwandelt wurde. Die Wirkungskraft von Christus war dermaßen stark, dass Simon und seine Familie zum Glauben kamen. Sie wurden zu wichtigen Pfeilern der ersten Jesus-Gemeinde. Und Simon durchlebte wortwörtlich, was Nachfolge und »das Kreuz auf sich nehmen« bedeutet.

Wir bewegen uns hier zwar auf dem sanft wackeligen Terrain der Vermutungen und die Indizienlage ist nicht erschlagend, sodass das verwendete Material – würden wir uns mit einer Mordanklage befassen – wohl eher zu einem Freispruch führen müsste. Trotzdem besteht die Wahrscheinlichkeit, dass es sich so ähnlich abgespielt haben könnte. Diese Erkenntnis hat mein Herz erwärmt. Mit Tränen in den Augen lese ich immer wieder diesen einen unscheinbaren Vers in den Evangelien, der uns wie durch ein Schlüsselloch in Simons Leben hineinblicken lässt:

»Einen Mann, der gerade vom Feld kam, Simon von Kyrene, den Vater des Alexander und des Rufus, zwangen sie, sein Kreuz zu tragen.«

*Markus 15,21***

+++

Dass sich die Geschichte von Simon und seiner Familie so abgespielt haben könnte, verdeutlichen mir all die vielen Begegnungen von Menschen mit Christus. Und die Wirkungskraft, die Christus auf Menschen damals wie heute ausgeübt hat.

Es ist die Begegnung mit dem Göttlichen, die uns zu einer Reaktion zwingt. Man kann sich von ihm abwenden oder sich ihm zuwenden – aber die Möglichkeit, ihm gegenüber gleichgültig zu bleiben, hat er uns nicht gelassen.

Christus selbst hat gesagt: »Wer mich sieht, sieht den Vater.« *Johannes 14,9* Ein Blick von Simon auf diesen Christus, ein sich kreuzender Blick, mag genügt haben, um seine Gedanken, seine Gefühle, seine Sicht auf die Situation und sich selbst bleibend zu verändern. Durch alle Zeiten hindurch und bis heute ist dieses Phänomen von veränderten Leben rund um den Globus sichtbar. Persönlich habe ich erlebt, wie mein Glaube an Gott mein verhärtetes Innenleben aufgeweicht und verändert hat und wie er spürbar auch immer wieder in äußere Situationen hineingekommen ist.

In unzähligen Lebensgeschichten lässt sich genau diese Transformationskraft ausmachen – wie auch in derjenigen von Zachäus, einem Zöllner und Zeitgenossen von Jesus. Da sind der Christus, der mit Zachäus eine kurze Zeit bei einem Essen verbringt – verbringen »muss«, wie Jesus es selbst nennt *Lukas 19,5* –, und das Leben einer Person, das sich massiv und bleibend verändert; mit unübersehbaren Auswirkungen für das Umfeld. Weil Zachäus in und durch Christus einen Blick, einen ungefilterten Blick, auf Gott und Gottes Wesen erhaschen konnte und schlicht darauf reagiert hat. Genauso verlangt die reine Existenz Gottes eine Reaktion von jedem menschlichen Leben. Wie diese Reaktion ausfällt, ist uns überlassen.

Ich habe immer wieder gestutzt, dass es nach der Auferweckung des toten Lazarus ganz unscheinbar heißt, dass »viele nun an ihn glaubten«. Johannes 11,45 Oft schon habe ich mich gefragt, wie es möglich ist, dass man so einem Ereignis beiwohnen kann, ohne von der Wirkungskraft von Christus überzeugt zu werden. Ich hatte da den Satz erwartet, dass die gesamte zuschauende Menge in staunendes »Ooh!« und »Aah!« ausbrach und alle nun begannen, an Christus zu glauben. Außer vielleicht Max in der zweiunddreißigsten Reihe, der gerade damit beschäftigt war, auf TikTok ein Video von seinen neuen Lederschnürsenkeln abzusetzen. Aber alle anderen können das doch unmöglich nicht mitgeschnitten haben oder die Tragweite von dem Erlebten einfach ausgeblendet haben! Doch Gott hat den »Akt des Glaubens« uns überlassen. Deshalb kann man selbst bei einer Auferstehung von Lazarus noch zweifelnd in der siebten Reihe stehen und sich fragen, ob der Kerl denn überhaupt wirklich so richtig ganz tot gewesen ist. Natürlich heißt es, dass er schon begonnen hat zu stinken, Johannes 11,39 aber vielleicht tat er das ja vorher auch schon. Oder es hat einfach der Arzt gepfuscht bei der Diagnose. Oder es war einfach ne Inszenierung, weil sich wieder mal so ein Möchtegern-Messias ins Rampenlicht schieben wollte.

Wir haben die Fähigkeit, zu sehen und doch nichts zu sehen. Wir haben die Fähigkeit, zu hören und doch nichts zu hören. Darüber mokiert sich bereits der Prophet Jeremia Jeremia 5,21 und auch Jesus selbst wirft seinen Jüngerinnen und Jüngern in einer Situation vor, zu sehen, ohne zu sehen, und zu hören, ohne zu hören. Es scheint so, als wäre das ein unrühmliches Attribut, das das Menschsein mit sich bringen kann. »Wer Ohren hat, der höre.« Matthäus 13,9 Dummerweise scheinen die Ohrmuscheln entwicklungsbiologisch über die Jahrzehnte nicht wirklich größer geworden zu sein. Eher geschrumpft.

Wir haben bei Gott immer die Möglichkeit, uns von ihm ungläubig-zweifelnd abzuwenden oder uns ihm suchend-zweifelnd und hoffend zuzuwenden. Auf dass uns Ohren und Augen geöffnet werden. Letztere Wahl scheint Simon von Kyrene getroffen zu haben. Mit Auswirkungen, die ihn und seine ganze Familie erfasst haben.

Simon war am falschen Tag zur falschen Zeit am falschen Ort mit den falschen Menschen unterwegs. Und am Ende trotzdem goldrichtig. Und überrascht von Gott.

Genau dieser Umstand trägt für mich so unübersehbar die Handschrift Gottes. Ich kann mich in meinem eigenen Leben manchmal unwohl und deplatziert fühlen. An allen Ecken und Enden drückt es und nichts scheint wirklich rundzulaufen. Aber Gottes Gegenwart ist nicht abhängig von meinen Umständen – weder von den realen noch von den empfundenen. Er kann mir immer und überall überraschend begegnen.

Es ist die Begegnung mit Christus, dem Lebenden, dem Gekreuzigten, dem Auferstanden, die die Kraft hat, unser Leben zu transformieren, auf den Kopf zu stellen – oder uns einfach mal einen neuen Blick auf die Situation zu geben, ohne dass sie sich merklich ändert. Manchmal kann diese Wandlung mit dem kleinen Schritt beginnen, dass ich mich mit der Situation versöhne, die sich nicht ändern lässt, und »das Kreuz auf mich nehme«, das mir das Leben hinhält. Dazu sagt man dann wohl Nachfolge.

ICH WERDE
NIE
WIEDER
DERSELBE
SEIN

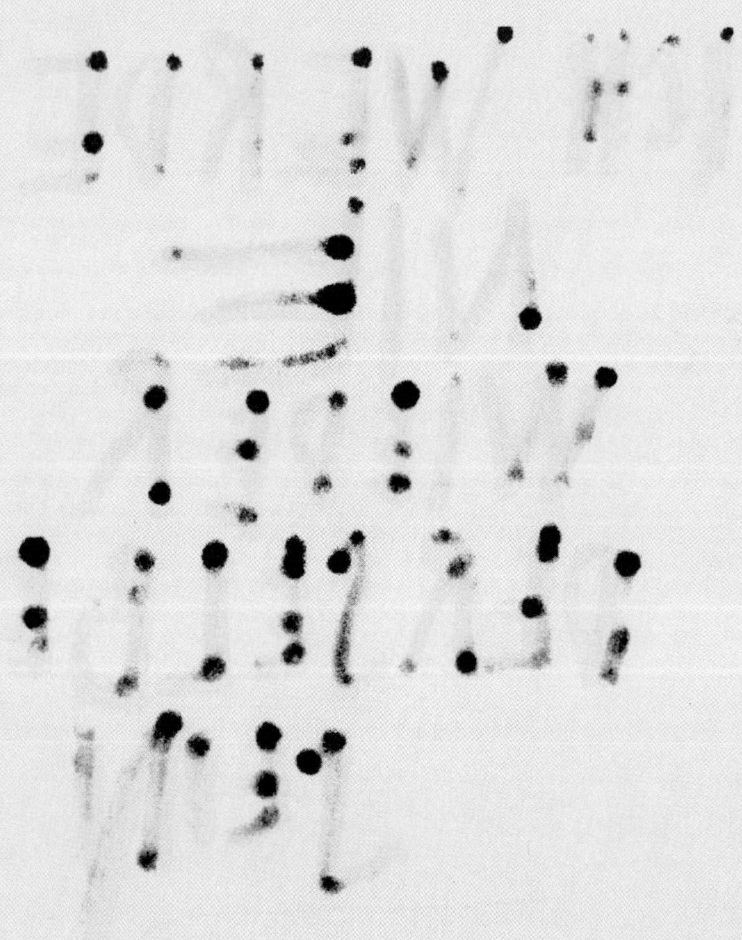

VON
TAMARA
BOPPART

KURZ, ABER HEFTIG
GEDANKEN EINES KREUZTRÄGERS

Einfach vorübergehen
Das war mein Plan
Ich hab schließlich Besseres zu tun
Es gibt Menschen, die arbeiten

Na gut, vielleicht ein kurzer Blick
Schauen, was läuft
Ich bin late to the party
Scheinbar der einzig Ahnungslose
Lautes Gejohle und dichtes Gedränge

Die Menge verschluckt mich
»Du! Herkommen!«
Das darf doch nicht wahr sein
Der Römer meint mich, packt mich

Schon liegt das Holz auf mir
Das Gewicht zwingt mich in die Knie
Ich höre ihn atmen
Den geschundenen Verurteilten
Wie bin ich bloß hier gelandet?

Meine Schulter brennt
Der Mann neben mir schaut mich an
Wie noch niemand zuvor
Ich werde nie wieder derselbe sein

>> So wie Jesus Simon, dem Kreuzträger, »passiert« ist, so passiert er auch uns immer und immer wieder. Manchmal reicht eine kurze Wegstrecke mit ihm aus, um lang anhaltend verändert zu werden. Öffne dich für die Intensität, die in der Begegnung mit Jesus liegt.

JESUS

Ein Blick von dir und
meine Welt steht Kopf
Ein Funke von dir und
mein Innerstes lebt
Ein Moment mit dir und
meine Gedanken ruhen
Ein Wort von dir und
meine Seele wird gesund
Ich bin nicht mehr
wie vorher

DANK DIR

Die Dinge werden anders

DANK DIR

In mir wächst Glaube

DANK DIR

Ich bin dir begegnet
Dafür danke ich dir

AMEN

BIST MIR PASSIERT

Weise der Dankbarkeit

Weise online
anhören und
ansehen

Bist mir passiert
(Weise der Dankbarkeit)

Von Julia Buch, Daniela Hogger und Jonathan Schmidt

Ich wusste nicht recht,
wie mir geschieht
Doch ich wusste:
Ich bin geliebt
Da war diese Wärme
Da war dieses Licht
Ich konnt's nicht erklären
Aber weg wollt ich nicht

Du, du bist mir schon einmal passiert
Hast meine Seele berührt
Du hast meinen Weg schon einmal gekreuzt
Danke, mach es immer wieder neu

Der Kraft deiner Liebe
konnt ich nicht widerstehen
Du hast meine Seele
mit Freude belebt
Mein Blick wie verändert
Gibst mir einen Sinn
Hast alles gewendet
Spür dein Leben in mir

Mein rastloses Herz
Fand Ruhe bei dir
Statt Schatten der Zweifel
Strahlt nun Hoffnung in mir
Die Angst vor Versagen
Wich dem Wissen in mir
Bin für immer versöhnt
Hab nun Friede mit dir

Mach es immer wieder neu, passier mir immer wieder
Mach es immer wieder neu, passier mir immer wieder

Du bist das Beste, das Beste, was mir
Du bist das Beste, das Beste, was mir
Du bist das Beste, das Beste, was mir
Du bist das Beste, das Beste, was mir passiert ist

DIE ANGST VERSAGEN NICHT DEM WISSEN IN MIR

>> *Wie ist das eigentlich genau, wenn Menschen auf Christus treffen oder beginnen, an ihn zu glauben. Ein Suchen? Gefundenwerden? Viele erzählen von Wärme, Licht oder einem Gefühl der totalen Annahme, das schwer zu beschreiben ist. »Passieren« trifft es da doch eigentlich gar nicht schlecht. Das Wort wurde zum Ursprung dieser pulsierenden und von Dankbarkeit geprägten Weise.*

2

MARIA VON MAGDALA – IHM NAHE SEIN

Eine weitere faszinierende Person, die rund ums Kreuz auftaucht, ist Maria von Magdala. Sie ist eine Frau, die für mich zutiefst Hoffnung repräsentiert. Hoffnung, dass durch Christus Dinge im eigenen Leben frei und heil werden können.

Als Jesus ihr begegnet, war sie zutiefst gebrochen und dämonisch belastet. Jesus heilt sie, befreit sie aus dieser Gefangenschaft und hilft ihr zurück ins Leben. Maria wird zu einer seiner innigsten Nachfolgerinnen, die auch für die anderen Jüngerinnen und Jünger eine zentrale Rolle einnimmt. Sie war diejenige, die den Gekreuzigten als Erstes sehen durfte. Die, die den entmutigten Jüngern die Auferstehungsbotschaft ins verborgene Kämmerlein hineintrug. Eine Hoffnungsbotin mit einem Herz voller Hingabe an Christus. Wem viel vergeben ist, der liebt auch viel. *Lukas 7,47*

Maria von Magdala hat erlebt: Durch den Zerbruch hindurch wird sie erlöst und wiederhergestellt, durch die Nähe zu Christus. Und auch wenn die Bibel ihren Namen nicht überall ausdrücklich erwähnt, gibt es klare Anzeichen, dass dort, wo Jesus war, Maria oft auch nicht weit gewesen sein muss. Das ist erstaunlich – und für die damalige Zeit mehr als ungewöhnlich.

Es war entgegen der gesellschaftlichen Normen und es ist wohl auch entgegen mancher heutigen Vorstellung, dass »die Jünger« immer eine Gruppe von Männern und Frauen waren. Wenn in der Bibel die Bezeichnung »Jünger« auftaucht, können wir uns immer »Jüngerinnen und Jünger« denken. Denn Jesus hat als Rabbi Frauen wie Männer in seine Nachfolge gerufen. Sie waren eingeweiht in sein Innerstes, seine Gedanken, seine Pläne. Bevor Jesus die Jüngerinnen und Jünger ausgesendet hat, führte er sie durch ein Ausbildungsprogramm, das es in sich hatte. Und wer war da an vorderster Front mit dabei? Richtig, Maria von Magdala.

»Und es begab sich danach, dass er von Stadt zu Stadt und von Dorf zu Dorf zog und predigte und verkündigte das Evangelium vom Reich Gottes; und die Zwölf waren mit ihm, dazu etliche Frauen, die er gesund gemacht hatte von bösen Geistern und Krankheiten, nämlich Maria, genannt Magdalena, von der sieben Dämonen ausgefahren waren, und Johanna, die Frau des Chuza, eines Verwalters des Herodes, und Susanna und viele andere, die ihnen dienten mit ihrer Habe.« *Lukas 8,1-3*

Auch von einer anderen Maria, der Schwester von Martha, können wir lesen, wie sie den gesellschaftlichen Konventionen trotzte und zu Füßen des Rabbis saß, um von ihm zu lernen. *Lukas 10,42* Und dass Christus dies auch ihrer Schwester Martha angeboten hatte. Diese Frauen waren Jüngerinnen, Nachfolgerinnen von Jesus und waren immer in seiner Nähe. Sie haben die Wunder aus der ersten Reihe miterlebt, sie haben die Weisheiten von Jesus aufgesogen und verinnerlicht und sie wurden von ihm in die Geheimnisse des Glaubens eingeweiht.

Rund ums Kreuzgeschehen tauchen diese Frauen dann plötzlich unübersehbar auf. Besonders deutlich, als Frauen den toten Jesus mit Ölen salben wollen. Da sprechen die Engel zu ihnen: »Was sucht ihr den Lebendigen bei den Toten? Er ist nicht hier; er ist auferstanden. Erinnert euch an das, was er euch gesagt hat, als er noch in Galiläa war: ›Der Menschensohn muss in die Hände sündiger Menschen gegeben werden; er muss gekreuzigt werden und wird drei Tage danach auferstehen.‹ Da erinnerten sich die Frauen an jene Worte Jesu.« *Lukas 24,5-6** Die Engel sprechen sie auf eine Situation an, die wir in Markus 9 wiederfinden, wo es heißt, dass er mit seinen Jüngern durch Galiläa zog, aber nicht wollte, dass das jemand weiß, weil er zuerst mal nur seine Jünger lehrte. *Markus 9,30-31*

Mitten unter den Jüngerinnen und Jüngern entdecken wir immer wieder unsere Maria von Magdala. Eine Frau, die mich mit ihrer schlichten Präsenz zutiefst berührt, weil an ihr die Transformationskraft von Christus so unübersehbar ist. Sie wusste genau, was sie Christus zu verdanken hatte, seit er sie aus ihrer dämonischen Besessenheit befreit und geheilt hat. Die Serie *The Chosen* hat das auf unnachahmliche Weise ausgemalt. In Folge 2 der ersten Staffel sagt Maria von Magdala den für mich herausragendsten Satz der gesamten Serie. Es ist die Reaktion auf den völlig irritierten Schriftgelehrten Nikodemus, der sie kaum wiedererkannte, weil er Maria noch als die kaputte und gebrochene Persönlichkeit von früher in Erinnerung hatte. Er versteht die Welt nicht mehr und Maria antwortet ihm, dass sie es auch nicht versteht, um dann anzufügen:

> *»Ich war damals so. Und jetzt bin ich vollkommen anders. Und das, was dazwischen passiert ist, ... das war er!«*
>
> *Maria Magdalena, in* The Chosen

Als ich die Szene zum ersten Mal sah, musste ich auf Pause drücken, während mir Tränen ungehemmt die Wangen hinunterkullerten. Diese knappe Formulierung verdeutlicht in aller Dichte, was mich bis heute an Gott, der in Christus Mensch geworden ist, so anzieht. Was mich an ihm begeistert, sprachlos macht und zutiefst dankbar zurücklässt. Was in mir Leidenschaft weckt und mich schwärmend missionarisch werden lässt. Was in mir selbst eine innige Sehnsucht auslöst und gleichzeitig eine Sehnsucht stillt, die ich irgendwie nicht in Worte fassen kann. Es ist sein feinfühliges Hereinbrechen in unser Menschenleben als dieser distanzierte, heilige Schöpfergott, als diese Energie und Macht – und er tut das auf eine so ungemein persönliche, nahe, sensible und gnadeüberfließende Art und Weise! Eine Maria von Magdala wusste, was sie ihm zu verdanken hatte. Und dankte es ihm mit ihrer Nachfolge, mit ihrem »Bei-ihm-Sein«, mit ihrer emotionalen Verfügbarkeit, mit ihrer Präsenz.

Es ist die Transformation durch die Begegnung mit dem Menschgewordenen, dem Lebenden, dem Gekreuzigten, dem Auferstandenen, durch die sich Versöhnungskraft in unserem Leben entfaltet. Genau das ist es, was alles zusammenhält, zusammenbringt, und das, was ich entdecke, wenn ich durch Christus versuche, auf die Welt, die Menschen und Gott zu blicken. Er ist der Zielort meiner Sehnsucht. Aller menschlichen Sehnsucht.

†††

Der große Schriftsteller und Apologet C.S. Lewis, einst ein erbitterter Atheist, ist unter anderem durch die Existenz von unerfüllten Sehnsüchten zu der

Erkenntnis gelangt, dass es Gott geben muss. Er sprach davon, dass wir ein Verlangen in uns haben, das in dieser Welt keine natürliche Entgegnung findet, die es zu stillen vermag. Für ihn weist deshalb die menschliche Sehnsucht über unser Diesseits hinaus auf etwas Jenseitiges. Auf einen Gott, der Ursprung, Ziel und Erfüllung des Menschen ist. Seit uns Gottes unmittelbare Nähe abhandengekommen ist, lebt der Mensch mit dieser unstillbaren Sehnsucht.

Weil wir für eine andere »Heimat« geschaffen worden sind, schlägt bei ihm dieses Fernweh – ohne dabei weltflüchtig zu sein – in verschiedenen Bereichen immer wieder durch. »Wenn ich aber in meinem Inneren ein Verlangen spüre, das durch kein Erlebnis in dieser Welt befriedigt werden kann, dann ist die wahrscheinlichste Erklärung dafür die, dass ich für eine andere Welt gemacht bin«[6], folgert Lewis zum Schluss. Unsere Sehnsüchte – und vieles mehr von unserer inneren und äußeren Welt – sind Hinweise auf etwas, das größer ist, als wir sehen und verstehen können. Als würden von Bogenschützen Pfeile aus einer anderen Welt in die unsere geschossen, um auf ihre Welt aufmerksam zu machen.

Das apokryphe Evangelium der Maria, das oftmals Maria von Magdala zugeschrieben wird, attestiert ihr eine tiefe Nähe und Freundschaft zu Jesus und lässt sie nach der Kreuzigung ermutigend zu den in der Depression zurückgebliebenen Jüngern sagen:

»Weint nicht! Seid nicht traurig und nicht verzagt! Denn die Gnade des Erlösers wird euch alle begleiten und beschützen. Wir wollen vielmehr seine Größe preisen, denn er hat uns alle geschaffen und zu Menschen gemacht.«[7]

Er hat uns zu Menschen gemacht.

Denn letztlich ist Jesus nicht dafür gestorben, um uns irgendwie fromm und christlich zu machen, sondern um uns menschlich zu machen. Nicht, dass daraus der Umkehrschluss gezogen werden darf, dass man ohne Christus nicht menschlich sein könnte. Vielmehr zielt die Aussage in die Richtung, dass Gott das Menschsein von Anfang an auf eine ihm ebenbildliche Menschlichkeit ausgerichtet hat – auf versöhnte Beziehungen, auf ein friedvolles und erlöstes Miteinander, auf eine Leben ermöglichende Regentschaft. Darauf, wie er sich Menschsein gedacht hat. Und darauf, dass die Menschheit sich leider oft und wiederholt erfolgreich gegen diese Möglichkeit, menschlich zu sein, aufbäumt und auflehnt.

Gerade die Fähigkeit zum Bösen und die Existenz des Bösen ist für mich ein Fakt, der für die große Metaerzählung der Bibel spricht. Leid und Unheil zertritt unser illusorisches Kartenhaus, das alles in bester Ordnung ist. Es sitzt uns aufsässig im Nacken und erinnert uns daran, dass diese Schöpfung ohne ihren Schöpfer ziemlich rasch »erschöpft« ist. Ein atheistisches Weltbild und ein Glaubenskonstrukt ohne Gott oder das Böse müssen sich der Frage stellen, warum sich der Mensch über die Jahre nicht evolutionistisch in eine viel bessere Version von sich selbst entwickelt hat. Und dann ist auch die Frage, wohin man die eigene Wut und den Zorn über Unheil und Böses richten soll.

Interessanterweise hat C.S. Lewis, als er noch ein heißblütiger Verfechter des Atheismus war, genau diese Erfahrung durchgespielt. Die traumatischen Erfahrungen des Ersten Weltkrieges hinterließen in ihm einen Zorn auf Gott, obwohl er eigentlich gar nicht glaubte, dass es einen Gott gab, auf den er hätte zornig sein können.[8] Und fairerweise muss man sich eingestehen, dass die Unmenschlichkeit, das Unheil und das Böse in dieser Welt nicht nur Anfragen an den christlichen Glauben stellen, sondern ebenso an den gottlosen Humanismus. Letzterer bleibt bei diesem Thema, wie auch bei Sinnfragen, großflächig sprachlos und schweigend zurück.

Maria von Magdala hatte durch die Begegnung mit Christus, durch ihre Erfahrung von Heilung und Versöhnung und durch die Erfahrung, dass ihre Sehnsüchte in Christus zum Ziel gelangen, dieses gottebenbildliche Menschwerden persönlich erlebt. Sie wich deshalb nicht mehr von seiner Seite. In ihrer Geschichte spiegelt sich für mich die transformatorische Wucht von Präsenz – von Gegenwärtigkeit. Es ist die Kraft eines Gottes, der uns nahekommt und uns auffordert, ihm ebenfalls nahe zu sein. »Bleibt in mir und ich in euch« *Johannes 15,4* ist der Anfahrtsweg und das Grundkonzept für ein fruchtbares Leben. Letztlich würde ich so weit gehen zu behaupten, dass Präsenz die wahre Essenz des Glaubens ist. Und Maria von Magdala verkörpert ebendieses Präsentsein.

+++

Das Wort Präsenz bezeichnet einerseits die Gegenwärtigkeit, die Anwesenheit von etwas. Man kann dabei aber präsent sein, ohne präsent zu sein. Die Frage der Kinder, »Papa, hast du zugehört?«, entlarvt die rein körperliche Gegenwärtigkeit bei gedanklicher Abwesenheit. Gleichzeitig bezeichnet Präsenz auch die Ausstrahlungskraft von und die Wirkung auf etwas. Manche Menschen haben eine spürbare Präsenz, wenn sie den Raum betreten (andere wiederum eine hörbare). Der Duke of Wellington besiegte Napoleon in der historisch bekannt gewordenen Schlacht bei Waterloo. Er soll über seinen Opponenten Napoleon, dem er höchsten Respekt zollte, gesagt haben: »Seine Anwesenheit auf dem Feld machte den Unterschied von vierzigtausend Mann.« Präsenz hat mit Gegenwärtigsein zu tun und mit einer Wirkungskraft, die sie entfesselt. Und genau das gilt auch für das Evangelium. Wenn wir zu einem kurzen Sprint quer durch die Bibel ansetzen, können wir entdecken, dass die göttliche Dynamik zutiefst mit Präsenz verwoben ist.

Lass mich zuerst einmal den umfassenden Spannungsbogen der Geschichte schlagen: Die Weltgeschichte beginnt damit, dass der Geist Gottes über dem Wasser schwebt *1. Mose 1,1-2* und Gott nach seiner Schöpfung im Garten umhergeht *1. Mose 3,8*. Er ist da.

Am Ende der biblischen Erzählung landen wir in einer ewigen Stadt, in der Gott auf dem Thron sitzt und wir sein Angesicht sehen können. *Offenbarung 22,3-4* Wieder ist die Präsenz Gottes zentral, obwohl sie uns direkt zu Beginn der Menschheitsgeschichte abhandengekommen ist. Und so ist die gesamte Geschichte zwischen diesen beiden Klammern ein einziges Ringen, um die verloren gegangene Präsenz von Gott bei den Menschen wiederzufinden und den Urzustand wiederherzustellen.

Durch das, was die Bibel Sündenfall nennt, wurde der Mensch dieses Urzustands beraubt und die göttliche Präsenz ging verloren. *1. Mose 3,23 | 2. Mose 33,20* Der Schrei und der größte Schmerz von Jesus am Kreuz galten dann auch genau dieser Gottesferne: »Und um die neunte Stunde schrie Jesus laut: Eli, Eli, lama asabtani? Das heißt: Mein Gott, mein Gott, warum hast du mich verlassen?« *Matthäus 27,46* Es war kein Schrei, der dem entsprang, dass die physischen Schmerzen so unerträglich groß waren oder die Bosheit der Menschen so himmelschreiend, auch wenn das beides wahr ist. Der größte Schmerz war für Jesus, die Präsenz Gottes nicht zu spüren. Jesus zitiert dabei die Worte aus Psalm 22 und öffnet beim Aussprechen bereits ein Fenster der Hoffnung. In Vers 25 im selben Psalm besingt er, dass Gott sich nicht abwendet und sein Angesicht nicht verborgen hält, sondern hört, wenn wir zu ihm schreien.

Es ist eindrücklich, dass die Geschichte erzählt, wie sich zum Zeitpunkt seines Todes ein heftiges Erdbeben ereignete und wie der Vorhang im Tempel von oben nach unten zerriss. Dieser Vorhang, der in der Stiftshütte das Allerheiligste vom Rest des Tempels abgrenzte, wurde historisch eher als eine 12 bis 15 Meter breite und 18 Meter hohe »Wand« beschrieben. Die frühe jüdische Überlieferung besagt, dass der Tempelschleier so dick wie eine Männerhand war. Alfred Edersheim schreibt von 300 Priestern, die es benötigte, um den Vorhang zu bewegen.[9] Der Vorhang grenzte die Menschen vom Allerheiligsten aus – von der Präsenz Gottes. Die Symbolkraft, dass durch Christus' Tod diese Trennung aufgehoben wurde und er durch die Versöhnungs- und Erlösungstat den Zugang zu Gott wieder ermöglicht hat, ist unübersehbar.

Am Eingang zum Paradies sorgten Cherubim dafür, dass niemand mehr in die Gottesgegenwart hineinkam – wie könnte man auch an einem Wesen mit vier Gesichtern vorbeischleichen? Es war durchaus kein Zufall, dass auch auf dem Tempelvorhang Cherubim abgebildet waren. *2. Mose 26,31* Der Vorhang machte die Grenze zwischen Gott und den Menschen, zwischen himmlischer Realität und irdischer Realität, anfassbar – manifestierte sie fast schmerzlich. Christus, der Vorhangzerreißer, sorgte dafür, dass diese Gegenwart wieder frei zugänglich war. Er ist der Immanuel, *Jesaja 7,14* der Gott mit uns. Der uns nahegekommene Gott mitten unter uns Menschen, *Matthäus 18,20* gar in uns Menschen mit seinem Geist, *1. Korinther 6,19* die Verheißung von Christus, immer bei uns zu sein *Matthäus 28,20* und das Reich Gottes, das sich mitten unter uns oder auch in uns ausbreitet *Lukas 17,21* – davon handelt die Erzählung des Evangeliums von Jesus Christus.

Das widerspiegelt sich für mich am stärksten bei Johannes: »Und das Wort ward Fleisch und wohnte unter uns, und wir sahen seine Herrlichkeit, eine Herrlichkeit als des eingeborenen Sohnes vom Vater, voller Gnade und Wahrheit.« *Johannes 1,14* Gott begann unter uns zu wohnen oder, wörtlicher übersetzt, »bei uns zu zelten«. Ein wunderschöner Gedanke für seine Nähe und Gegenwart. Ich habe weit über meine Jugendzeit hinaus immer wieder Zeit auf Zeltplätzen verbracht. Da kommt man sich wirklich richtig nah – ob man nun will oder nicht.

+++

Vielleicht mag der Gedanke für dich neu und unverbraucht sein, dass nicht nur Gott selbst Präsenz ist, sondern auch sein Auftrag an uns Menschen aus der Präsenz herausfließt. »Und er setzte zwölf ein, die er auch Apostel nannte, dass sie bei ihm sein sollten.« *Markus 3,14* Die allererste Forderung an diese Zwölf war weder eine Predigt noch irgendwelches Wunderwirken, sondern schlicht die Forderung nach Präsenz. Bei ihm zu sein – denn ohne das Bleiben in ihm entwächst aus unserem Leben keine Frucht. *Johannes 15,4* Für mich war es wohl eine meiner aufregendsten Entdeckungen in den letzten Jahren, dass auch Mission im Kern Präsenz ist. Bei der Aussendung der Zwölf und der 72 heißt es, dass sie in die Häuser gehen und dort »bleiben« sollen. *Markus 6,10 | Lukas 10,7* Definitiv war und ist mein Missionsverständnis sehr stark von einem leistungsgetriebenen christlichen Aktivismus geprägt. Deshalb hat mich das Bild so stark berührt, das die indische Malerin Angela Trindade gemalt hat.[10] Sie hat die Geschichte von der Frau am Brunnen in ihren kulturellen und geografischen Kontext übersetzt.

Die Frau am Brunnen war gesellschaftlich geächtet, weil sie bereits von fünf Männern verstoßen worden war – als Frau hätte sie selbst gar nicht die Möglichkeit zu diesem Schritt gehabt. Man beachte die ironische Tragik in der Tatsache des doppelten Verstoßenwerdens: Man stößt sie aus der Gesellschaft, weil sie verstoßen worden ist. Maria von Magdala war in einer ähnlichen Situation und geächtet, weil sie von sieben Dämonen besessen war. Bei beiden Frauen hat Christus keine Berührungsängste und trägt in das Leben der Verstoßenen durch seine Präsenz Heilung und Versöhnung, neue Menschlichkeit und Beziehung hinein – entgegen aller gängigen gesellschaftlichen Konventionen.

In dem Bild von Angela Trindade, die selbst eine Dalit war, sitzt Jesus im orangefarbigen Mönchsgewand an einem Brunnen und meditiert mit geschlossenen Augen in einer bekannten Meditationshaltung. Dalits gehören zu den Kastenlosen, zu den Menschen, die in der indischen Gesellschaftsordnung als unberührbar gelten. Sie dürfen keinen Tempel betreten, weil sie ihn entweihen würden, dürfen keine heiligen Schriften lesen, Göttlichem nicht nahekommen, dürfen nicht aus dem Dorfbrunnen Wasser schöpfen, weil sie diesen verunreinigen würden, und sind deshalb aus dem gesellschaftlichen Leben ausgeschlossen. Im Bild von Trindade sieht man eine Dalitfrau, die weit weg von der Stadt an einem Brunnen versucht, Wasser zu schöpfen, und da diesem meditierenden Christus begegnet. Die Künstlerin macht das Statement: Alleine, dass er da ist und dableibt, ist für eine Dalit-Frau der tiefste Ausdruck des Evangeliums.

Person und meinen inneren Abgründen. Wenn ich auf ihn zukomme, bleibt er sitzen. Er ist da. Und er bleibt.

Gott ist. Er rennt nicht etwa davon, abgeschreckt von meiner Unberührbarkeit, von meinem Dreck, von meinem Geruch, von meiner

Deshalb ist für sie als Dalit diese Begegnung von Christus mit der Frau am Brunnen eine der stärksten Geschichten, die das Evangelium für sie greifbar macht. Für die Dalits, für die Frau am Brunnen, für Maria von Magdala hat Gott alle menschengemachten Grenzen überschritten, um ihnen nahezukommen. Und auch heute noch überschreitet er diese Grenzen mit ungebrochener Leidenschaft und Intensität für jede und jeden von uns.

Ich mag den Gedanken von missionarischer Präsenz als Zeichensprache des Glaubens. Es geht weniger um das Nachvollziehen von rationalen Glaubensinhalten oder um das apologetische Rechtfertigen irgendwelcher Lehrsätze. Bei Mission geht es um das Erfahren von Gottes Präsenz. Oder eben auch von meiner Präsenz als Nachfolgerin oder Nachfolger von Jesus, weil Christus in uns die Hoffnung auf Gottes Herrlichkeit ist. *Kolosser 1,27* Diese Präsenz wirkt wohltuend, gibt Würde und wirft unweigerlich Fragen auf, die auf seine Existenz und auf sein Wesen abzielen.

Erst dank dieser neu gewonnenen Perspektive konnte ich einordnen, wieso uns die Menschen in Tansania, wo wir als Familie unser Brunnenbauprojekt von GAiN besuchten, immer für unser Hiersein dankten. Mir schien das zu wenig Grund für Dank zu sein, bis ich im Nachhinein durch das Bild von Angela Trindade begriff: Mission ist Präsenz. Sie beginnt mit dem Hiersein. Dabei spreche ich mich keineswegs für Passivität aus. Ganz im Gegenteil. Ich glaube vielmehr zutiefst, dass Gottes Wesen Mission ist und Mission ihren Ursprung im Herzen Gottes hat. Und Gottes Wesen ist das Da-Sein. Er ist der »Ich bin«. In den Worten des südafrikanischen Theologen David Bosch klingt das so: »Mission hat ihren Ursprung im Vaterherzen Gottes. Er ist die Quelle der sendenden Liebe. Das ist die tiefste Quelle der Mission. Es ist nicht möglich noch tiefer vorzudringen: Es gibt Mission, weil Gott die Menschen liebt.«[11]

»Denn Gott hat die Welt so sehr geliebt«, schreibt Johannes in seinem Evangelium. *Johannes 3,16*** Gott hat sich selbst in Christus in die Welt gesendet, um anschließend den Heiligen Geist zu senden, und Christus hat uns Menschen danach genauso gesendet, wie er vom Vater gesendet worden ist. *Johannes 20,21* Wir sind nicht von dieser Welt erlöst, sondern in diese Welt hinein erlöst, für sie erlöst, um als Versöhnte mit Gott die Versöhnungsbotschaft hineinzutragen. *2. Korinther 5,18*

+++

Die Urfrage, die Gott uns Menschen stellt, seit uns die Präsenz abhandengekommen ist, ist:

»Mensch, wo bist du?« *1. Mose 3,9*

Christlicher Glaube ist Mission oder er ist nicht. Es ist eine Partizipation an der durch sehnsüchtige Liebe getränkten Bewegungsrichtung Gottes auf die Menschen zu.

WO BIST DU?

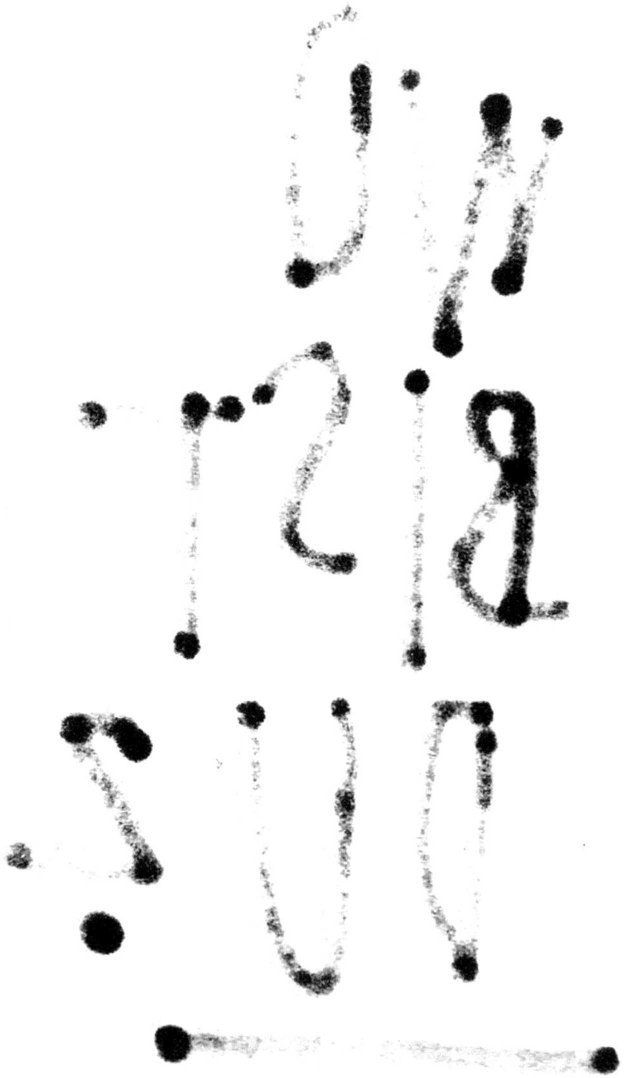

WO BIST DU?

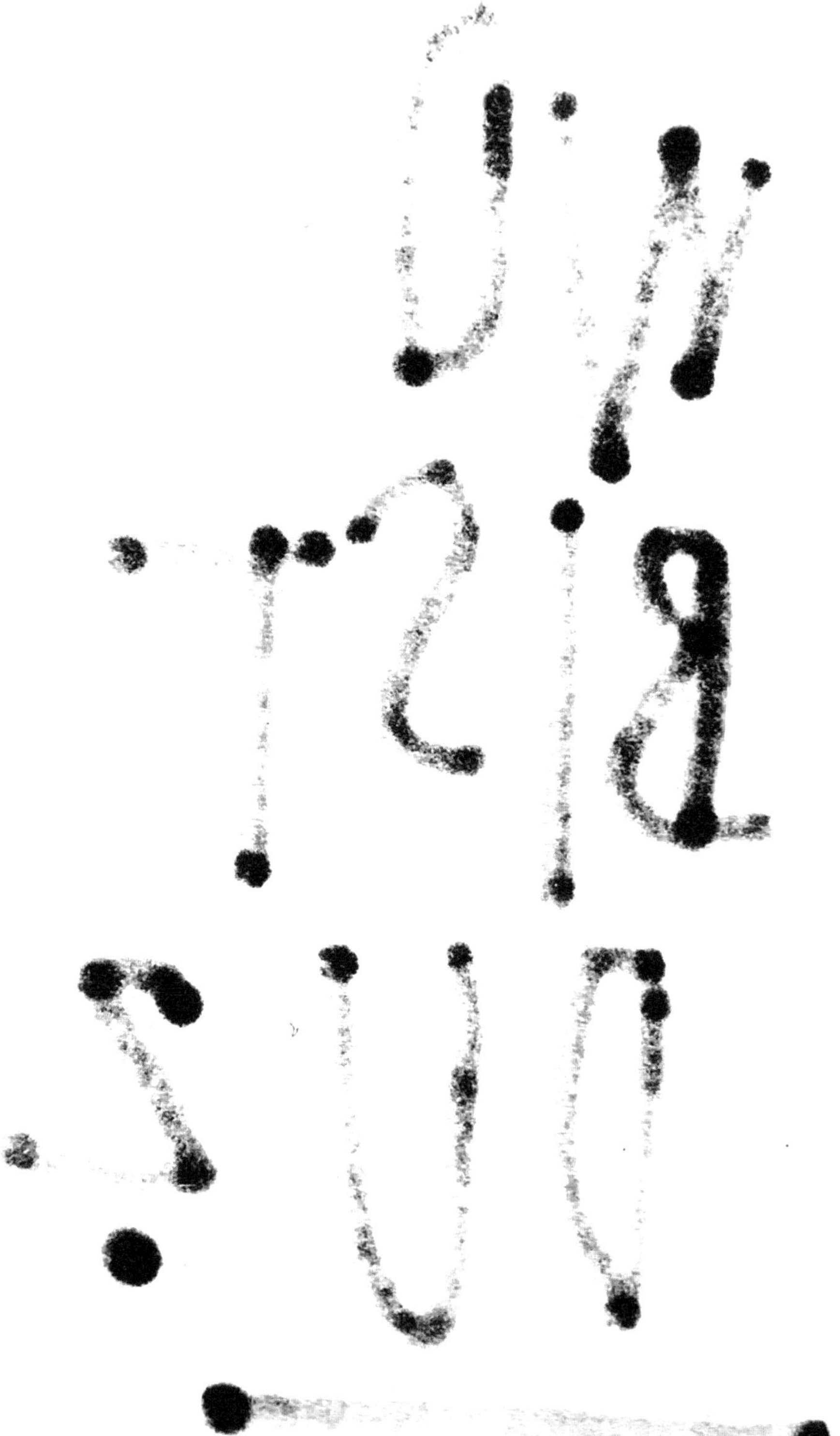

Ich höre da keinen Vorwurf hinein, keinen anklagenden Unterton, sondern spüre das Herz des liebevoll suchenden, uns zugewandten und sich uns immer wieder nahenden Gottes. Er weiß genau, wo wir sind, und müsste nicht fragen – aber sein Fragen gibt uns die Möglichkeit, uns ihm zuzuwenden und uns ihm zu zeigen.

Die Mystikerin Teresa von Ávila (1515–1582) hat dazu so bezeichnend festgehalten:

»Hätte ich früher erkannt, was ich jetzt weiß, dass der winzige Palast meiner Seele einen so großen König beherbergt, dann hätte ich ihn nicht so häufig darin allein gelassen.«

Teresa von Ávila

Sie folgt der Linie, die bereits Asaf, der einer bedeutenden levitischen Sängerfamilie entstammte und Gesangmeister am Tempel war, singend vorgespurt hatte: »Für mich aber ist Gottes Nähe beglückend.« *Psalm 73,28*

Mir scheint, als halle das Echo dieser paradiesischen Frage in ungebrochener Intensität und Lautstärke bis zum heutigen Tag nach. Und sie gilt für jede und jeden von uns: »Wo bist du?«

Maria von Magdala hat für sich diese Frage beantwortet. Sie war da. Und sie blieb da. Sie war nahe. Sie war in seiner Präsenz und hatte dadurch eine starke eigene Präsenz – die nicht zuletzt den entmutigten Jüngern im Obergemach frischen Wind eingehaucht hat, den frischen Wind von Hoffnung und Aufbruch, von Wahrheit und Auferstehungsfreude.

Ich stelle mir die Frage, wie es um meine Präsenz in dieser Welt steht. Oder zumindest in meiner eigenen kleinen Welt. Was hindert mich daran, Gottes Gegenwart zu suchen? Was hindert mich daran, in meinen Beziehungen, in meiner Ehe, bei meinen Kindern oder Freunden, bei meinem Arbeitskollegium oder in meiner Nachbarschaft präsent zu sein? Was hindert mich daran, mein Zelt hier aufzuschlagen, wo ich hingehöre – so wie Gott sein Zelt unter uns Menschen aufgeschlagen hat? Nur schon ein bisschen mehr »Maria von Magdala« würde meinem Leben sehr guttun.

GENAU DORT,
DA WO DU
BIST, DA
WILL ICH
SEIN

VON
HANNA
LÖFFLER

GEFUNDEN
GEDICHT EINER SUCHENDEN

»Mensch, wo bist du?«, tönte es durch den Garten
Tönt es noch heute in meinem Herz
Sehnsuchtsvoll erwartend blickst du auf mich
Die Hände offen, ein Lächeln im Gesicht

Kommst mir näher, als ich mir selbst bin
Führst mich zu dir hin
Hast mich wieder zu mir gebracht
Als ich mich in mir verloren hab

Nun lädst du mich ein, ganz bei dir zu sein.
Nah bei dir, finde ich wieder hin zu mir.
Nah bei dir verändere ich mich
Fange an zu erkennen, wie du mich siehst

Erkenne den Ort, den du mir in dieser Welt zugedacht hast
Dem ich mich ganz zuwenden, den ich gestalten darf
Erlebe, wie du jeden nächsten Schritt gut vorbereitest
Mir darin vorangehst, mich vorfreudig erwartest

Genau dort, da wo du bist, da will ich sein
Finde mich in deiner großen Geschichte
mit der Menschheit ein
Mit dem Blick auf dich gerichtet
formt sich meine Perspektive neu
Und ich fange an zu sehen

Sehe den, der mich zuerst sah
Finde den, der mich zuerst fand
Nähere mich dem, der sich mir zuerst näherte

Werde von dem gefunden,
der unablässig nach mir suchte.

>> Maria erlebte durch die Zuwendung von Jesus zu ihr und zu Jesus hin eine Veränderung ihres Herzens, ihres Lebens, ihrer Person. Lass dich von ihr inspirieren und bete die folgenden Worte in einer Haltung der Zuwendung zu Gott, zu dir selbst und zur Welt.

JESUS,
wecke du neue
Sehnsucht nach *Veränderung* in mir,
wo Resignation Einzug gehalten hat.
Ich will mich von ihr leiten lassen.

JESUS,
säe du neue *Zuversicht* in mir,
wo Hoffnungslosigkeit mein
Inneres überwuchert.
Ich will sie hegen und pflegen.

JESUS,
zieh du mich näher zu dir hin,
wo ich mich aus Enttäuschung
distanziert habe.
Ich will wieder *einen Schritt*
auf dich zu wagen.

→

JESUS,
öffne meinen Blick
für deine *Gegenwart*,
wo ich sie vielleicht nicht erwarte.
Dort will ich bleiben.

JESUS,
zeige mir deinen
Platz für mich in dieser Welt,
wo ich ihn bisher übersehen habe.
Ich will dort präsent sein.

Lass *Sehnsucht* und
Mut in mir wachsen,
dich zu suchen,
bei dir zu bleiben
und zu gehen,
wohin du mich sendest.

AMEN

WOHIN ICH AUCH GEH

Weise der Nähe

Weise online
anhören und
ansehen

Wohin ich auch geh
(Weise der Nähe)

Von Julia Buch, Daniela Hogger und Jonathan Schmidt

Ich habe einen Platz gefunden
Für dich und mich
Nimm Wohnung in meinem Herzen
Ich schaffe Raum für dich
Du darfst hier für immer bleiben
Jesus, bitte leb in mir

Wenn du in meiner Nähe bist
Weiss ich, dass ich sicher bin
Mit dir geh ich überall hin

Wohin ich auch geh, du bist schon da
Und da wo ich bin, bist du mir nah
Du bleibst bei mir und so bleib ich bei dir
Wie du mich trägst, trage ich dich
In mir in diese Welt

Ich habe einen Freund gefunden
Der für mich ist
Du bist gekommen, um zu bleiben
Du verläßt mich nicht
Begleite mich auf allen Wegen
Jesus, ich vertraue dir

WOHIN ICH AUCH GEH DU BIST SCHON DA.

>> Von Maria möchten wir lernen, die Nähe zu Christus aktiv zu suchen. Die »Einwohnung« Gottes in uns gehört zu den bedeutendsten Erkenntnissen der christlichen Mystik. Also haben wir uns in unserer Weise der Nähe nicht nur dran gemacht, unsere innere Wohnung einzurichten. Wir möchten uns auch daran erinnern, dass wir sie überall mitnehmen, wo wir gerade sind.

UND DA WO ICH BIN, BIST DU MIR NAH

+
DENK
AN
MICH

3

DISMAS, DER VERBRECHER – ERBARMUNGSLOSE *GNADE*

Wir richten nun den Scheinwerferkegel auf einen der Verbrecher, der neben Jesus gekreuzigt wurde. Er ist schon deshalb einen näheren Blick wert, weil er so ziemlich jedes unserer theologischen Konstrukte torpediert und – zumindest in mir – ein weiches Herz erzeugt. Er ist Wasser auf die Mühle der von mir eingeforderten »hermeneutischen Demut«. Wie Christus mit ihm umgeht, entlarvt viele unserer Überzeugungen darüber, wie richtige Nachfolge zu funktionieren hat, als menschliche Konstrukte, die – nur ein bisschen von Gottes Gnade unterspült – einstürzen oder zumindest stark ins Wanken geraten.

Den Verbrecher nenne ich einfach mal Dismas. Dieser Name ist biblisch nicht belegt, aber er taucht etwa Mitte des vierten Jahrhunderts im apokryphen Nikodemus-Evangelium auf. Mir scheint es stimmiger, dass wir über diesen Dismas als Mensch nachdenken und er nicht nur mit seinem Prädikat als »Verbrecher« durch sein negatives Tun definiert in unseren Köpfen hängen bleibt.

Wir lernen Dismas wortwörtlich erst auf den letzten Metern seines gewaltsam verkürzten Lebens kennen. Den Zenit seiner erfolgreichen Verbrecherlaufbahn hat er bereits überschritten. Vergliche man sein Leben mit der Laufbahn der Sonne, dann könnten wir kurz vor ihrem Untergang gerade noch die letzten Strahlen erhaschen.

Wir treffen ihn an seinem schlechtesten Tag. Ein Tag, den man besser vergisst. Es ist einer dieser Tage, die man nicht durchleben, sondern mit irgendeiner Skip-Funktion überspringen möchte. Dismas ist einer von drei Personen, die an diesem Tag gekreuzigt werden. Vielleicht hatte er insgeheim auch noch auf einen Freispruch gehofft, so wie es Jesus Barabbas, ein vierter Angeklagter, unerwartet erlebt hat. *Matthäus 27,17-21* Und in der Dynamik rund um diesen anderen Jesus, den Jesus Christus, verkommt nun das eigene Sterben irgendwie zu einem kümmerlichen Nebenschauplatz.

Welches Vergehen Dismas in diese Situation gebracht hat, ist nicht klar. Vielleicht war er ein Räuber, Plünderer oder auch ein Mörder. Definitiv war der Unterschied zu Christus, dass er nicht unschuldig am Kreuz hing – und im Gegensatz zu dem dritten Verurteilten dieses Tages war ihm das durchaus bewusst. Oder besser: Es wurde ihm bewusst. Denn bei Dismas hat sich eine eindrückliche Transformation abgespielt, ausgelöst durch die Begegnung mit diesem Jesus.

Die Evangelien-Schreiber Matthäus *Matthäus 27,44* und Markus *Markus 15,32* erzählen uns nämlich, dass nicht nur der andere Verbrecher, den das Nikodemus-Evangelium Gestas nennt, sondern auch Dismas am Kreuz über Jesus gespottet hat. Zumindest zu Beginn. Eine erstaunliche Tatsache, weil es darauf hinweist, dass sich in den Stunden am Kreuz bei Dismas innerlich etwas verändert haben muss. Vielleicht war es die Art, wie Jesus auf ihren Spott reagiert hat. Oder wie er nicht reagiert hat. Vielleicht war es ein Blick von Jesus, vielleicht seine tröstenden Worte an die umstehenden Freunde und seine Mutter Maria. Vielleicht waren es einige seiner letzten Worte, so ein »Vater, vergib ihnen, denn sie wissen nicht, was sie tun!« *Lukas 23,34* Vielleicht war es aber auch schlicht und einfach die spürbare Gegenwart von diesem göttlichen Christus, die zu einer inneren Umkehr und einer Hinwendung zu ihm geführt hat.

Lukas erzählt, wie Gestas Christus herausfordernd verhöhnt: »Du bist doch der Messias, oder nicht? Dann hilf dir selbst, und hilf auch uns!« *Lukas 23,39-43** In jenem Moment ist bei Dismas weder spöttische Zustimmung noch höhnisches Echo zu vernehmen. Vielmehr weist er Gestas zurecht: »Fürchtest du Gott auch jetzt noch nicht, wo du doch ebenso schlimm bestraft worden bist wie dieser Mann und wie ich?«, um dann fortzufahren: »Dabei werden wir zu Recht bestraft; wir bekommen den Lohn für das, was wir getan haben. Er aber hat nichts Unrechtes getan.« Damit wendet er sich direkt an Christus:

»Jesus, denk an mich, wenn du deine Herrschaft als König antrittst!«

Das ist eine absolut erstaunliche Aussage, eine Erkenntnis darüber, was an dem Ort tatsächlich geschah – Gott wurde in Christus König und sein Reich, seine Herrschaft, ist mitten unter uns angebrochen. Dieser gebrochene und zu Tode verurteilte Mann hat in den schrecklichen letzten Minuten oder Stunden seines Daseins etwas erkannt, das ihm wohl vom Himmel her geschenkt worden ist. Etwas, das selbst viele der Menschen, die Jesus über die vergangenen Jahre nachgefolgt waren, nie in dieser Klarheit sehen konnten.

+++

Was mich berührt, ist die Art, wie die Erkenntnis dieses Mannes sich ausdrückt. Der Mensch ist in die Welt gestellt, um auf Gott zu reagieren – ob Verbrecher oder nicht. Es geht um eine Abwendung oder eine Hinwendung zu Gott. Oder vielleicht deutlicher: sich immer wieder von Neuem Gott zuzuwenden. Diese Hinwendung, diese Umkehr, beschreibt die Bibel als Buße. Oft haben wir diesen Begriff auf das Benennen von moralischen Vergehen verkürzt und verfehlen damit, was wirklich gemeint ist. Sünde ist das Ursprungsproblem und auch hier geht es keineswegs nur um irgendwelche Dinge, die wir falsch tun, nicht nur um moralisches Fehlverhalten. Und natürlich auch nicht nur um zu viel Schokolade essen – wobei das sowieso fast nicht möglich ist, was ich als Schweizer hier einmal klar und deutlich anmerken muss. Sünde bedeutet »Zielverfehlung«. Das ruft natürlich die Frage hervor, was das Ziel war, das man verfehlt hat.

Das Bild, das uns die Bibel vom Ziel malt, ist ein Leben in der innigen Gemeinschaft und der umfassenden Beziehung mit Gott. Eine Verwobenheit der von Gott geschaffenen Beziehungsebenen – mit ihm, mit uns, mit anderen Menschen und mit der Schöpfung. Ein befriedeter Zustand des »Sehr gut«. *1. Mose 1,31* Mehr zu diesem allumfassenden Schalom Gottes werden wir bei der Begegnung mit Pilatus noch genauer betrachten.

Der Sündenfall hat nicht nur mit Schuld zu tun, sondern hat uns ganz allgemein aus diesem erlösten Beziehungsnetz herauskatapultiert und in einen erlösungsbedürftigen Zustand versetzt. Durch den Zerbruch dieser Innigkeit ist nicht nur Schuld, sondern auch Scham und Angst – von der Kulturanthropologie oft als die drei großen vorherrschenden Dynamiken in Gesellschaften bezeichnet – zu entscheidenden Bestandteilen unseres Miteinanders geworden.

Die Bibel lässt alle drei Dynamiken bei der Erzählung von Adam und Eva aufleuchten:

Sie beschuldigten sich:
1. Mose 3,12

Schuldkultur

Sie fühlten sich nicht mehr wohl mit ihrer Nacktheit, was bis anhin kein Problem gewesen war:
1. Mose 3,10

Schamkultur

Sie versteckten sich vor Gott:
1. Mose 3,8

Angstkultur

Interessanterweise scheint sich Paulus, der das Evangelium zu Menschen mit ganz unterschiedlichen kulturellen Hintergründen getragen hat, dieser Thematik bewusst zu sein. So verwendet er in seiner Verkündigung Begriffe, die sich den verschiedenen Kultursprachen zuordnen lassen. Im Epheserbrief lesen wir von der Erlösung durch das Blut, *Epheser 1,7* Vergebung der Sünden und Gnade (Schuldkultur). Nur zwei Verse davor schreibt er von Kindschaft, was in den Bereich von Familie, Bund und Gemeinschaft hineingeht (Schamkultur). Später verwendet er dann *Epheser 1,19-21* Worte wie Kraft, Macht, Stärke, Herrschaft und Totenauferweckung, was sich der Angstkultur zuordnen lässt.

Der »Sündenfall« war ein Schuld-Scham-Angst-Fall, ein Zerbruch der Beziehungen auf allen Ebenen, der zum Zustand der Erlösungsbedürftigkeit in alle Dimensionen von Gottes Schöpfung hinein geführt hat. Buße ist unsere aktive Gegenreaktion auf diesen Zustand und wird in der Bibel ***metanoia*** genannt. Das bedeutet »Paradigmenwechsel, Umdenken«. Es ist schlicht das Erkennen, Anerkennen und Empfinden der Bedürftigkeit, dass wir Gott in unserem Leben brauchen. Es ist noch keine klare Form, wie wir diesem Erkennen Ausdruck verleihen. Es ist ein Richtungswechsel, ein Herrschaftswechsel in unserem Leben. Die Geschichte von Dismas verdeutlicht das so wunderbar. All unsere kirchlichen Forderungen prallen an seinem Vermächtnis ab – nicht, dass diese zwingend immer ungerechtfertigt wären. Aber Jesus' Begegnung mit Dismas rückt Gottes versöhnliches Heilswirken an uns ins richtige Licht.

+++

Die Reaktion von Jesus auf das »Denk an mich!« von Dismas war: »Ich sage dir: Heute noch wirst du mit mir im Paradies sein.« *Lukas 23,43**

Was für eine unerwartete Perspektive für einen Mann wie Dismas, was für eine unerhörte Gnade. Diese Zusage von Jesus lässt uns viele gängige, theologische Vorstellungen über den Haufen werfen. Wie ein Blitz sich am Turm der Kirche entlädt, entlädt sich Gottes Gnade an Dismas am Kreuz. Und das kann ernsthaft Gläubige leicht irritieren. Denn in Dismas' Geschichte fehlt so ziemlich alles, was man heute als »christlich entscheidend wichtig« verorten würde. Es taucht keine Taufe auf – weder als Kind noch als Erwachsener –, kein Abendmahl und keine Eucharistie, weder Konfirmation noch Firmung. Es gibt kein vorformuliertes Übergabegebet, das er nachbetet, kein Ave-Maria, kein Vaterunser, keine Beichte und auch kein Apostolisches Glaubensbekenntnis, um die Korrektheit seiner Erkenntnis zu überprüfen. Da lesen wir nichts von »Erfülltwerden mit dem Heiligen Geist«, von Geistestaufe oder Sprachengebet. Dismas konnte dort am Kreuz hängend weder eine Jüngerschaftsschule auf Hawaii besuchen noch irgendeine Kurzbibelschule aufweisen, hatte keinen Fischaufkleber auf dem Esel und kein »THE FOUR«-Band ums Handgelenk. Er trug keine Sonntagskleidung und legte nichts in den Kollektenbeutel. Er war weder mit einem humanitären Hilfswerk auf einem Einsatz noch hat er in einer Suppenküche ein paar himmlische Punkte gesammelt. Er hat nicht korrekt um Vergebung gebeten und konnte am Kreuz weder die Knie beugen noch seine Hände falten.

In der Situation gab es keine brillanten apologetischen Abhandlungen, die ihn überzeugen konnten, noch ein geklärtes Schriftverständnis – und die Auferstehung als hoffnungsgeladenen Aspekt der Kreuzigung hatte er unglücklicherweise knapp verpasst. Seine Geschichte kommt ohne Kanzel und Bibel aus, ohne Kleingruppe und Worship. Man sieht keine strahlenden Lichter, keine Hipster-Bärte, weder hautenge Jeans noch Soutane, und es hält niemand eine flammende 3-Punkte-Predigt. Es existieren weder Nebelmaschine, Morgenliturgie oder Erstbesucher-Gratis-Gipfeli noch Kaffee und Kuchen im Kirchenfoyer.

Dismas hängt leidend am Kreuz und Jesus tut kein Wunder, nimmt ihm nicht mal den Schmerz ab. Der Tod erwartet diesen Mann unweigerlich. Er muss erfahren, dass Leid, Schmerz und sogar Tod keineswegs ein Zeichen von Gottesferne sind. Genau das Gegenteil trifft nämlich zu: Dismas war Christus in dieser existenziellen Situation so nah wie kaum jemand sonst. Während sich eine innere Verwandlung vollzieht, ändert sich an den äußeren Umständen nichts – nicht einmal den Spötter Gestas hat Jesus zum Verstummen gebracht. Dismas hängt. Leidet. Und stirbt.

Aber in seinem schmerzvollen und mit Schande und Verachtung aufgeladenen Abschiednehmen von dieser Welt erkennt Dismas am Kreuz, dass der Mann, der neben ihm hängt, nicht einfach nur unschuldig war, sondern der König des himmlischen Reichs, der menschgewordene Gott persönlich. Er hatte ihm nichts weiter hinzuhalten als seinen nackten und malträtierten Körper, in dem ein ebenso nackter, aber eben erst aufkeimender Glaube steckte. Und an Dismas verdeutlichte sich die Wahrheit der Botschaft, die Jesus dem weisen Nikodemus bei ihrer Begegnung in der Nacht erklärt hatte: »Denn Gott hat die Welt so sehr geliebt, dass er seinen einzigen Sohn hingab, damit jeder, der an ihn glaubt, nicht verloren geht, sondern ewiges Leben hat.« *Johannes 3,16***

Dieses »jeder, der an ihn glaubt« ist selbst nach über vier Jahrzehnten meines Lebens immer wieder aufs Neue irritierend. Und es wird bei Dismas mit aller Wucht sichtbar.

Begeben wir uns einmal in eine plakative Himmelsvorstellung und schneiden einen fiktiven Dialog mit, den Dismas am Himmelstor führen würde. Mit einem ziemlich überraschten, wenn nicht gar überrumpelten Engel an der Rezeption im Eingangsbereich:

✝✝✝

Engel:
»Huch ... äh, grüezi, ... und wer sind Sie?«

Dismas:
»Ich bin Dismas. Wo bin ich hier gelandet?«

Engel:
»Ah, das ist der Eingangsbereich zum Himmel. Aber mit Ihnen hatte ich hier jetzt tatsächlich nicht gerechnet. Eigentlich sollte heute keiner mehr kommen. Sie stehen nicht auf meiner Liste ... Was tun Sie hier?«

Dismas:
»Ich ... ich habe keine Ahnung!«

Engel:
»Was genau meinen Sie mit ›Ich habe keine Ahnung‹?«

Dismas schaut konsterniert:
»Ich habe schlicht keine Ahnung, was genau passiert ist ...«

Engel schaut noch konsternierter.
Und versucht es dann mit einem lösungsorientierten Ansatz:
»Bitte beantworten Sie mir ein paar Fragen. Beruf?«

Dismas:
»Räuber.«

Engel:
»Todesart?«

Dismas:
»Gekreuzigt.«

Engel:
»Oh, heftig. Tut mir leid. Kirchenzugehörigkeit?«

Dismas:
»Was ist Kirche?«

Engel fühlt das Haar von Dismas:
»Das ist ja gar nicht nass ... also als Kind getauft?«

Dismas:
»Nö, gar nicht. Ich habe da mal von einem Heuschreckenfresser gehört, der so was macht, aber das war bei uns in der Familie irgendwie nie ein Thema. Aber ich bin beschnitten, reicht das?«

Engel:
»Boah, Sie haben Fragen. Finde ich bei mir jetzt grad nirgends. Aber die Minimalanforderung erfüllen Sie bestimmt: Sie haben sicherlich gebetet, irgendwie ein Vaterunser, einen Rosenkranz ... oder haben Sie womöglich ein Apostolisches Glaubensbekenntnis abgegeben?« *(Augenscheinlich ist der Engel in seinen himmlischen Sphären mit einem schlechten Zeitgefühl gesegnet, weshalb er nicht bemerkt, wie er immer wieder ein paar Jahrhunderte durcheinanderbringt ...)*

Dismas:
»...«

Engel, in aufwallender Verzweiflung:
»Aber irgendwie 'ne kleine Beichte oder ein Bekehrungsgebet bei einem Kreuz-Aufruf haben Sie mitgemacht, richtig?«

Dismas:
»Na ja ... mit Kreuz hatte es schon was zu tun. Aber ... nein. Ich glaube, es war maximal ein undurchdachtes ›Jesus, denk an mich‹.«

Engel:
»Um Himmels willen! Was ist da nur schiefgelaufen? Warum sind Sie denn hier gelandet?«

Dismas:
»Jetzt beginnt's langsam echt zu nerven! Ich habe es schon einmal gesagt: ICH WEISS ES NICHT!«

Engel in panischer Überforderung:
»Oberengel Gabriel! HEY, GABRIEL! Komm bitte sofort her. Wir haben hier ein echtes Problem!«

Gabriel kommt herbei und legt dem anderen Engel beruhigend die Hand auf die Schulter:
»Okay, wie kann ich helfen?«

Engel:
»Hier ist dieser Herr, ein gewisser Dismas, der durch alle unsere Raster fällt, aber trotzdem bei uns gelandet ist. Natürlich müssen wir ihn reinlassen, aber so was dürfte doch nicht passieren?«

Gabriel, an Dismas gewandt:
»Also, guter Mann. Erzählen Sie mal: Was haben Sie denn gemacht, dass Sie es hierhingeschafft haben?«

Engel grätscht dazwischen:
»GAR NICHTS! Das ist es ja gerade, er hat GAR NICHTS GEMACHT! Und er hat auch überhaupt nichts vorzuweisen!«

Engel dreht sich energisch zu Dismas:
»Zum letzten Mal, wie um alles in der Welt sind Sie hier gelandet?«

Dismas mit brüchiger Stimme, während ihm Tränen in die Augen schießen:
»Ich weiß es nicht ... aber der Mann neben mir am mittleren Kreuz hat gesagt, ich darf kommen.«

+++

Er hat gesagt, ich darf kommen.

Dieses Zu-Ende-Denken der Geschichte von Dismas verdeutlicht die brachiale Wucht, die selbst ein kläglich wirkendes »Denk an mich« auslösen kann, das aus einer Hinwendung zu Christus gesprochen wird. Es geht eben nicht um die Form – egal, wie relevant, biblisch oder erkenntnisschwer sie uns erscheinen mag. Das macht uns Dismas deutlich. Gott ist und bleibt souverän darin. Er ist der Einzige, der die Herzen von Menschen kennt. Es geht um Glauben. Den schlichten Glauben an Christus, den Lebenden, den Gekreuzigten, den Auferstandenen.

Immer wieder bewegt mich, wie einfach Gott aufgrund seiner verzehrenden Sehnsucht nach uns den Zugang zu ihm eingerichtet hat: »... damit jeder, der an ihn glaubt ...« – die meisten meiner Daten online sind komplexer zu erreichen! Um rasch meinen Kontostand zu prüfen oder das Profil meiner Versicherung zu checken, gebe ich oft meinen Benutzernamen, ein Passwort und eine Identifikation ein. Ich muss mich als Nicht-Maschine beweisen, indem ich aus neun Bildchen die auswähle, die eine Ampel enthalten, um dann auf dem Smartphone den Login mit Gesichtserkennung zu bestätigen – oder ich krieg einen SMS-Code, den ich wieder auf 'ner Webseite eintippen muss. Die Gegenwart von Gott ist jedoch weder mit Passwort noch mit Gesichtserkennung geschützt und es leuchten auch keine roten Ampeln auf. Sie ist uns frei zugänglich durch den Akt des Glaubens.

Mir ist wichtig festzuhalten, dass ich mich nicht gegen eine der in der Geschichte von Dismas erwähnten christlichen Handlungen und Rituale ausspreche, die je nach kirchlichem Hintergrund eine unterschiedliche Gewichtung aufweisen. Ich möchte weder eine bestimmte Liturgie, weder sakrale Elemente noch sonstige kirchlich-theologische Überzeugungen schlecht- und nichtig reden. So vieles ist geschichtlich begründet gewachsen und hilfreich, eröffnet unterschiedlichen Persönlichkeiten einen Zugang und birgt eine eigene Schönheit. Es geht mir nur darum, unsere Prioritäten in dem Lichtkegel, den die Begegnung von Dismas mit Jesus wirft, sauber zu ordnen. Und dadurch unsere Vorstellungen gesunden zu lassen – und die damit verbundenen Erwartungen und gestellten Forderungen an uns selbst und andere.

Dismas hatte nicht im Ansatz dasselbe Gottesbild, dasselbe Christusbild, wie ich es heute habe. Er war zwar beim großen göttlichen Versöhnungsfinale mit dabei und trotzdem hat er so einen wesentlichen Punkt wie die Auferstehung von Christus verpasst. Sein Bild von Jesus wird also von meinem stark abweichen, genauso wie unsere Vorstellungen von Kirche weit auseinandergehen werden – und trotzdem hat es für Jesus gereicht.

Gott sei Dank hängt unser Heil am Ende nicht von der bis ins Detail korrekten Heilslehre ab, von einer bis in den hintersten Winkel zurechtgefegten Dogmatik. Wäre das so, wären wir hoffnungslos verloren. Dismas lässt mein Herz weicher werden und unsere als christliche Gemeinschaft an die Welt gestellten Anforderungen immer wieder gesund-kritisch hinterfragen. In seiner Person trifft ein marginaler und frisch geborener Glaube auf maximale und überschwängliche Gnade. Und wir erkennen unschwer, dass schwierige Lebensumstände weder auf Gottesnähe oder Gottesferne noch auf Gottes Zutun oder Nichttun hinweisen.

Falls Gott existiert, wovon ich tief überzeugt bin, ist und bleibt er Gott – mein Nichtglaube und mein Nichterleben kratzen dabei nicht die kleinste Ecke seiner Göttlichkeit weg, denn er existiert auch unabhängig von mir und auch außerhalb meines überschaubaren eigenen Universums.

+++

Über der Geschichte von Dismas schwebt die »erbarmungslose« Gnade wie das Schwert über Damokles – um unausweichlich »zuzuschlagen«. Gnade ist ein schönes Wort, aber eigentlich habe ich auch ein gespaltenes Verhältnis dazu. Wir mögen Gnade nicht einfach grundsätzlich, sondern primär dann, wenn sie uns zuteilwird. Der Prophet Jona fand es mehr als nur okay, dass Gott ihn aus dem Meer gerettet hat, und antwortete mit Dankesliedern. Dass Gott dann aus Mitleid die Stadt Ninive nicht vernichtete, wie Jona es sich vorgestellt hatte, ließ ihn zornig und lebensmüde zurück: »... denn ich wusste, dass du gnädig, barmherzig, langmütig und von großer Güte bist ...« *Jona 4,2* Jona reute eine Pflanze, die neben ihm verdorrte, weil er dadurch keinen Schatten mehr fand, gleichzeitig hätte er der Stadt Tod und Verderben gewünscht. Obwohl er in seinem Herzen ja eigentlich wusste, wie Gott wirklich ist.

Ob wir Gnade mögen oder nicht und wie viel Gnade wir für angebracht halten, hängt deshalb stark damit zusammen, wer oder was die göttliche Gnade gerade empfängt. Bin ich es, der davon begünstigt ist, kann ich dankbar nicht genug davon kriegen. Gilt sie Menschen, die sie in meinen Augen nicht verdienen – und davon gibt es, wenn es nach mir ginge, denkbar viele, glaub mir –, kann ich gnadenlos ins Gericht mit ihnen gehen und Gott Vorschriften machen, wie er mit seiner Gnade umzugehen hat.

Je nach kirchlichem Hintergrund oder Persönlichkeit hadern wir schnell einmal damit, wenn es darum geht, dass

Gott Menschen seine Liebe und Gnade zukommen lässt. Der Aufschrei klingt dann nach: »Ist das nicht etwa ein bisschen zu viel Gnade? Ist das nicht viel zu einseitig? Da muss doch jetzt auch endlich mal noch von Gericht und Bestrafung gesprochen werden!« Die Gründe, warum der Zeigefinger erhoben in der Luft steht, können sehr unterschiedlich sein:

Meine Beobachtung ist, dass beispielsweise eine Ermahnung wegen zu viel Gnade oft aus einer Ecke kommt, wo ein gesunder Rutsch in Richtung »mehr gnädiger Umgang mit den Mitmenschen« angebracht sein könnte. Wenn bei dir dieser Gedanke »zu viel Gnade« aufgeploppt ist, dann ist das möglicherweise dein Wachstumsbereich, Gottes Gnade mehr zuzutrauen. Da, wo wir mahnend den Zeigefinger heben, ist deshalb vielleicht nicht unser blinder Fleck oder Schwachpunkt – vielmehr können wir mit einem entspannten Herz auf der gegenüberliegenden Seite unser Wachstumspotenzial entdecken. Es kann aber auch gerade das Gegenteil der Fall sein und wir greifen aus Selbstschutz zu moralischer Entrüstung. Das Gegenüber wird zur Projektion unserer eigenen Schwachstellen und da, wo wir am lautesten und kämpferischsten die Stimme erheben, verbirgt sich unsere eigene persönliche Baustelle.

In beiden Fällen gilt: Wir dürfen uns überlegen, ob wir Gott tatsächlich zugestehen, gnädig bis in die dunklen Abgründe unseres eigenen Seins hineinzuwirken. Das harmlose Liedchen von David, das uns mit dem 108. Psalm überliefert ist, fordert mein Gnadenverständnis immer wieder heraus und hilft mir zu sehen, dass ich mit meinem Verständnis von Gottes Gnade wohl noch nicht annähernd seiner Gnade auf die Spur gekommen bin! »Denn deine Gnade reicht, so weit der Himmel ist, und deine Treue, so weit die Wolken gehen.« *Psalm 108,5* Im Brief an die Epheser geht Paulus sogar so weit, dass wir daraus lesen können, dass Gnade so eine große Sache ist, dass wir sie zu Lebzeiten nicht ganz fassen können: »Zusammen mit Jesus Christus hat er uns vom Tod auferweckt, und zusammen mit ihm hat er uns schon jetzt einen Platz in der himmlischen Welt gegeben, weil wir mit Jesus Christus verbunden sind. Bis in alle Ewigkeit will er damit zeigen, wie überwältigend groß seine Gnade ist, seine Güte, die er uns durch Jesus Christus erwiesen hat.« *Epheser 2,6-7* Es kann in etwa so verstanden werden, dass Gott uns selbst in der Ewigkeit immer wieder neu aufzeigen wird und muss, wie groß seine Gnade ist.

†††

Wenn ich unsere christliche Community anschaue, dann glaube ich, dass wir da an manchen Orten mit dem himmlischen Gnadenbarometer noch nicht mal das Kirchendach durchschlagen haben und noch nicht einmal ansatzweise einer gefühlt unanständigen Gnade frönen. Sagt man »Gottes Liebe«, ruft einer »Gottes Gericht«. Sagt man »Gnade«, ruft einer »Gerechtigkeit«. Nicht überraschend funktioniert die Dynamik genau gleich auch von der anderen Seite her. Interessant scheint mir die Beobachtung, dass die Rufe ja oft wohlmeinend daherkommen. Aus Angst, dass da jetzt irgendwas schiefläuft, weil es ungesagt bleibt. Ganz oft haben die Rufenden aber die Tatsache nicht vor Augen, dass zumindest die Option bestehen kann, dass sie Teil von dem sind, was in Schieflage ist.

Wenn ich »Heiliger Geist« sage und jemand ruft: »Das ist doch viel zu gefühlsorientierter Glaube«, dann kommt eine solche Anmerkung in 90 Prozent der Fälle von den Menschen, die nicht einmal annähernd in die Gefahrenzone gelangen, wo man zu gefühlsbetont glauben würde. Sprich: Man kritisiert beim Pferd nicht selten die Seite, die man nicht mal richtig sehen kann, weil man selbst schon auf der anderen Seite so stark runterhängt, dass man beim Galoppieren des Pferdes den Takt mit der Stirn rhythmisch auf dem Boden mitklopft. Und richtig, man kann bei jedem Thema auch immer auf der gegenüberliegenden Seite runterhängen – einfach, um das der Vollständigkeit halber gesagt zu haben. Der Punkt ist, dass wir dabei nicht andere beurteilen, sondern ehrlich und selbstkritisch wahrnehmen, wie der eigene Reitstil aussieht.

Zuhören ist der Schlüssel. Sei es anderen oder nur schon sich selbst. Zuhören und reflektieren. Dabei ist ein guter Gradmesser für echtes Zuhören, wenn ich die Position meines Gegenübers so wiedergeben kann, dass sie oder er sich dabei maximal erkannt fühlt. Und umgekehrt. Wenn wir uns nicht in Mutmaßungen und vorschnellen Beurteilungen darüber verlieren, was die oder der andere mit seinem Gesagten gemeint haben könnte, wie es so oft in der sozial-medialen Welt praktiziert wird. Darauf würde sich dann ein respektvolles Nebeneinander aufbauen lassen. Aber es wird viel zu oft nicht richtig zugehört und es scheint mir, als hätten Einzelne nur den Verteidigungsmodus installiert, wie das Raketenabwehrsystem Iron Dome in Israel – und sobald irgendwas in den eigenen Luftraum eindringt, wird es gnadenlos abgeschossen. Ganz egal, ob es sich um eine feindliche Drohne oder eine Rakete handelt, um den Luftballon eines Kinderwettbewerbs, einen Segelflieger oder eine Friedenstaube.

Interessant ist ja, wenn man lernt, sich selbst zu beobachten: Bei welchen Begriffen »zuckt« es in einem? Wer beispielsweise ein Zucken verspürt, sobald ich was von »unverschämter Gnade« schreibe, der könnte bei sich mal selbst wahrnehmend beobachten, ob es möglich ist, dass er oder sie tendenziell eher einen Hang zur gesetzlichen Seite hin hat. In die andere Richtung schreien alle freiheitsverliebten Geister auf, wenn irgendwo auftaucht, dass Gott auch allgemeingültige Standards festgelegt haben könnte und nicht einfach nur alles »gut« ist, was mir gut scheint oder was ich mir als »gut« begründen kann. Dass es eine absolute Wahrheit gibt, die außerhalb von mir und auch außerhalb von meinem Verstehen liegen könnte. Dass ich Gott nicht vereinnahmend internalisiere, sondern er außerhalb von mir existieren darf. Da wird dann schnell gerufen, dass hier die große Gefahr ist, wieder rechtgläubig-dogmatisch zu werden und Menschen moralischen Druck aufzuerlegen. Wobei ich dieser Seite liebevoll zuflüstern würde, dass dies bei ihnen kaum der Fall sein wird.

Ich wünsche uns eine Kultur auf beiden Seiten des Pferds, in der die Fäuste nicht ständig zur Verteidigung erhoben sind – sondern geöffnet und mit ausgestreckten Armen erwartend. Ich wünsche uns eine Kultur, in der man hinhört, sich selbst wahrnimmt und spiegelt. In der man in die Schieflage des Gegenübers nicht immer gleich die Bedrohung des eigenen Glaubens hineininterpretiert und sich selbst auch nicht als die einzige Rettung der Schieflage seines Gegenübers betrachtet.

Letztlich darf gesagt sein:

Gnade ist immer ungerecht.

Sie erreicht mich unverdient, wie Dismas am Kreuz. Und sie ist geschenkt – verlangt von mir nicht etliche vorauseilende Handlungen. Sie ist die Dusche, die mich reinwäscht. Während Gott alle von uns einlädt, darunterzustehen, versuchen wir als Kirche nicht selten die Menschen vorher dazu zu bewegen, sich mal noch ordentlich sauber zu waschen, zwischen den Zehen und hinter den Ohren, um dann duschen zu können.

Dabei propagiere ich keineswegs eine von der Nachfolge losgelöste billige Gnade. Dietrich Bonhoeffer hat kraftvolle Dinge zu einem gesunden Gnadenverständnis gesagt: »Billige Gnade ist Gnade ohne Nachfolge, Gnade ohne Kreuz, Gnade ohne den lebendigen, menschgewordenen Jesus Christus.«[12] Auch von ihm sind die Gedanken: »Billige Gnade heißt Gnade als Schleuderware, verschleuderte Vergebung, verschleuderter Trost, verschleudertes Sakrament; Gnade als unerschöpfliche Vorratskammer der Kirche, aus der mit leichtfertigen Händen bedenkenlos und grenzenlos ausgeschüttet wird; Gnade ohne Preis, ohne Kosten.«[13] Deshalb ist Gnade nur in der Spannung mit Gottes Gerechtigkeit und in der Dynamik mit Nachfolge zu verstehen.

Es geht bei einer unverschämten Gnade nicht darum, in die Richtung zu kippen, dass einfach alles okay ist, was sich okay anfühlt. Es gibt Dinge, die nicht gut sind und die als solche benannt werden dürfen. Einerseits besteht da ein innerer Kompass, der letztlich auch darauf hindeutet, dass etwas existiert, das größer ist als ich. So kann ich mit aller Deutlichkeit sagen, dass bestimmte Dinge, wie ein angezettelter Krieg oder das Morden von Menschen, nicht okay sind. Gleichzeitig muss aber auch ein Maßstab existieren, der außerhalb von mir liegt. Denn wenn der Maßstab, mit dem ich messe, meine Gefühle und mein Verstand sind und nur noch wahr sein darf, was diese beiden bemessen können, dann bin ich im Elend. Dann muss ich nämlich mit meinem Verstand meinen Verstand beurteilen, und beide – Gefühle und Verstand – haben mich im Leben immer mal wieder getäuscht. Wenn jemand magersüchtig ist, weil sie oder er sich zu dick fühlt, dann würden wir auch nicht einfach automatisch der Person zustimmen und sagen: »Dein Gefühl muss wahr sein, denn es ist echt. In dem Fall bist du zu dick, lass uns da noch ein wenig Fett absaugen.« Da ist die eigene Wahrnehmung verbogen und nicht gesund.

Deshalb ist es wichtig, als Mensch zu akzeptieren, dass der Maßstab von Gut und Böse nicht von mir definiert werden kann, sondern dass er von Gott außerhalb gesetzt worden ist. Ich versuche, mit demütigem Herz zu erkennen, wo ich diesen Maßstab ausmachen kann, im Wissen darum, dass ich dabei immer durch meine eigene Brille blicke. C. S. Lewis hält dazu fest:

»Wenn der Maßstab nicht unabhängig ist vom zu messenden Gegenstand, dann können wir nicht messen.«[14]

Wenn Gott der Schöpfer dieser Schöpfung ist, dann gibt es auch universelle Leitplanken. So wie ein Apfel in der Erdatmosphäre immer der Schwerkraft unterliegt und Richtung Erde fällt und nicht andersrum, nur weil ich das jetzt irgendwie interessanter finde.

Ich gestehe also Gott zu, dass sein Verständnis von Gnade meines übersteigt. Und wenn er gut ist – wovon ich ausgehe –, ist sein Umgang mit Gerechtigkeit und Gnade gut und widerspiegelt seine Liebe – welche ebenso mein Verständnis von Liebe übersteigt.

Paulus bezeichnet das Evangelium als ein Evangelium der Gnade Gottes. *Apostelgeschichte 20,24* Und ja – wie bei fast jedem Thema gibt es da auch einen Gegenpol, der sich für unser in unserem Kontext eher schwarz-weiß gefärbtes Denken wie ein Widerspruch anfühlen kann. Während Paulus sich in Galater 3,6 auf 1. Mose 15,6 bezieht und damit unterstreicht, dass es nicht um das Tun, sondern um den Akt des Glaubens allein geht, zitiert Jakobus *Jakobus 2,17.23* exakt denselben Vers, um seine Aussage in den vorhergehenden Versen zu unterstützen, dass Glaube ohne Werke tot ist. Für mich stehen diese Gegenpole nicht im Widerspruch, sondern in einer dynamischen Spannung und in einer unauflösbaren Abhängigkeit zueinander. Nun einfach aus Angst vor diesen Spannungen auszuweichen, wird über kurz oder lang ungesunde Auswüchse und oft noch mehr Schmerz produzieren, als sich den Spannungen zu stellen und sie auszuhalten. Als ich nach einer Knieoperation versucht habe, die schmerzenden Bewegungen zu umgehen, die die Muskulatur trainiert und aufgebaut hätten, führte die Fehlhaltung zu noch schmerzhafteren Folgeverspannungen in ganz anderen Körperregionen.

Arne Kopfermann hat einmal treffend gesagt: »Die Polaritäten des Glaubens muten uns große Spannungen zu. Sie rauben uns die einfachen Gewissheiten, die wir so gern bewahren würden, weil es sich mit ihnen leichter leben lässt. Aber manche Spannungen, die uns gestern bedrückt haben, werden uns morgen trösten.«[15]

+++

Ich möchte den Blick wieder zurück auf Dismas lenken: Gnade Gottes ist an ihm sichtbar geworden. Und diese Gnade sollten wir weder kleinreden noch bis zur Leblosigkeit sezieren. Uns nicht missgünstig abwenden oder stolz überheben.

Nicht im Selbstverteidigungs- oder Theologie-Verteidigungsmodus eine Faust oder den Zeigefinger erheben.

Es ermutigt mich zu sehen, dass selbst in schlimmen und ausweglosen Lebenssituationen, die schmerzhaft sind und vielleicht unausweichlich in den Tod führen, Gottes Gnade doch siegen kann.

Das erinnert mich an das von Friedrich Retzsch (1779–1857) gemalte Bild *Die Schachspieler*, oder auch *Schachmatt* genannt. Wie viele Künstler seiner Generation war auch er von *Faust* angetan und malte deshalb in Anlehnung an den Kampf des Teufels um die menschliche Seele ein Bild von einem Mann, der gegen den Teufel Schach spielt. Der Mann starrt in verzweifelter Kontemplation versunken auf das Brett, während Satan in seinem grünen Umhang und der Mütze mit roter Feder bereits siegessicher triumphiert. Am 18. August 1888 veröffentlichte der *Columbia Chess Chronicle* den Artikel *Anecdote of Morphy*.[16] Dieser beschreibt die Begebenheit, als Morphy im Haus des »gastfreundlichen Herr H.«, der später als Reverend R.R. Harrison identifiziert wurde, auf eine Kopie des Retzsch-Gemäldes stieß. Am Ende des Abendessens näherte sich Morphy dem Bild, studierte es eine Weile aufmerksam und sagte dann bescheiden zu seinem Gastgeber: »Ich glaube, dass ich das Spiel des jungen Mannes gewinnen kann.« Er hatte bemerkt, dass die typische Interpretation, dass der Teufel seinen Kontrahenten schachmatt gesetzt hat, gar nicht stimmte.

»Schachmatt« bedeutet, dass der eigene König in einer Situation ist, wo er sich nicht mehr bewegen kann. Während der Teufel also meint, zu gewinnen, und der Mann sich bereits seiner unausweichlichen Niederlage zu ergeben scheint, war das Spiel noch gar nicht verloren. Spätere Erzählungen, die sich auf diese Geschichte berufen, erwähnen, dass der König noch immer einen Zug hatte. Die Gesellschaft rund um Morphy war überzeugt, dass nicht einmal Morphy dieses Spiel noch gewinnen konnte, also organisierten sie ein Schachbrett und stellten das Spiel nach. Zur Überraschung aller gelang Morphy mit der vorgegebenen Aufstellung tatsächlich ein nächster Zug. Er vermochte das Spiel zu drehen und für den jungen Mann im Gemälde zu gewinnen.

Die Anekdote stimmt mit dem überein, was sich für Dismas am Kreuz ereignet hat. Für ihn sah die Situation hoffnungslos aus. Das Spiel schien verloren,

er selbst »schachmatt« gesetzt. Aber er hat neben sich den »König« erkannt. Und der König hat immer noch einen Zug.

Immer wieder kann es vorkommen, dass wir uns im Leben – selbst oder fremdverschuldet – in Situationen wiederfinden, die ausweglos erscheinen können. Wir verzweifeln vielleicht an unseren Beziehungen, unseren Unfähigkeiten, unseren Begrenzungen, an mangelnden Ressourcen, an ungestillten Sehnsüchten, an Chaos, Krieg, Gewalt, Krankheit, Einsamkeit oder an Gott selbst und seinem Schweigen. Unser Leben fühlt sich an wie ein »Schachmatt«. Eine Situation, in der es weder ein Vor noch ein Zurück gibt, weil wir das Spiel bereits so gut wie verloren haben. Aber Dismas ruft uns zu: »Der König hat noch einen Zug!«

Psalm 16 beschreibt, dass Gott uns den Weg zeigt, der zum Leben führt. *Psalm 16,11* Selbst im Sterben ist deshalb für Dismas noch Hoffnung zu finden, weil Jesus ihm dieses Leben versprochen hat. »Ich sage dir: Heute noch wirst du mit mir im Paradies sein.« *Lukas 23,43**

Die Lage scheint aussichtslos, endgültig. Aber der König ist nicht schachmatt. Er hat noch einen Zug.

JESUS,
DENK AN MICH

VON
HANNA
LÖFFLER

DENK AN MICH
MEIN GESPRÄCH MIT CHRISTUS ÜBER DISMAS

Du hast gesagt, er darf kommen?
So ist er nun hier
Mit leeren, durchbohrten Händen
überrascht steht er vor dir

Zu Recht hing er dort
Hatte den Tod verdient
Hatte nichts vorzuweisen
Was sein Hiersein erklärt

»Er darf kommen.«
Das habe ich ernst gemeint
Die leeren Hände sind perfekt
Weil er damit nach meinen greift

»Denk an mich«, hatte er mich gebeten
Und ich denke an ihn, jetzt, wo mein Königreich beginnt
Dort, in seinem Herzen und weit darüber hinaus
Überall dort, wo Vertrauen in mich Raum gewinnt.

Aber …

Aber?

Hm. Schon okay. Hilf mir dabei.

Mein Herz ist oft hart, mache du es weich
Statt des gnadenvollen Blicks auf andere wächst in mir
Selbstgerechtigkeit

Die Gnade, die ich brauche, kann ich nur selten selbst sehn
Verändere mein Herz, lass mich begreifen und verstehen

Lehre mich, mir selbst und dem Menschen neben mir mit
weitem Herzen zu begegnen
Worten der Anklage mit einem gütigen Blick entgegenzutreten

Selbst stelle ich mich immer wieder in deinen Blick
Der von Gnade und Annahme gezeichnet ist

Ich will weitergeben, was ich von dir bekommen habe
Mich üben im Formgeben deiner Gnade

Und gerade dann, wenn mir mal wieder die Worte fehlen
Ich scheitere und mich Selbstvorwürfe quälen

Dann bete ich diese einfachen Zeilen,
die vor 2000 Jahren am Kreuz auch schon reichten

>>JESUS CHRISTUS, DENK AN MICH.<<

Atme ein und sprich dabei leise:

>>JESUS CHRISTUS.<<

Atme aus und sprich dabei leise:

>>DENK AN MICH.<<

>> Sprich dieses kurze Gebet im Stil des Herzensgebets. Wiederhole es dazu immer wieder im Einklang mit deinem Atemrhythmus.

DENK AN MICH (KYRIE)

Weise der Gnade

Weise online anhören und ansehen

Denk an mich (Kyrie) (Weise der Gnade)

Von Julia Buch, Daniela Hogger und Jonathan Schmidt

Jesus Christ
Bitte denk an mich
Du bist der mich sieht
Herr, erbarme dich
Jesus Christ
Gnade findet mich
Hab sie nicht verdient
Herr, ich preise dich
Jesus Christ
Ja, ich glaub an dich
Du bist Weg und Licht
Meine Zuversicht

Kyrie eleison
Gnade überwältigt mich
Kyrie, mein Gott, ich preise dich

Kyrie eleison
Gnade überwältigt mich
Kyrie, mein Gott, ich preise dich
Verloren, jetzt gefunden
Verurteilt, jetzt befreit
Versteckt und jetzt gesehen
Verletzt und jetzt geheilt
Kyrie eleison
Kyrie eleison

DU BIST WEG UND LICHT

MEINE ZU-VER-SICHT

>> »Kyrie eleison« wird mit »Herr, erbarme dich (unser)« ins Deutsche übersetzt. Das verleitet dazu, den Kyrie-Ruf als reine Bitte zu verstehen. Er hat jedoch eine doppelte Bedeutung. In der Antike galt er nämlich als allgemeiner Ausdruck der Huldigung. Christen übernahmen ihn und richteten ihn fortan an Christus. Deshalb ist auch unsere Weise beides: Bitte um Erbarmen und staunender Lobpreis über die Gnade Gottes.

4

ABENADAR, DER HAUPTMANN – GOTT IST LIEBE. *PUNKT.*

Während ich über biblische Personen wie Petrus, Maria oder Zachäus schon unzählige Predigten gehört habe, habe ich noch selten Ausführungen über Personen wie Simon, den Kreuzträger, oder den Hauptmann beim Kreuz lauschen dürfen. Sie stehen oft im Schatten der alles überstrahlenden biblischen

Walk-of-Fame-Gestalten. Ungerechtfertigterweise. Und genau deshalb üben ihre so wenig erzählten Geschichten eine starke Anziehungskraft auf mich aus.

Inmitten des bestialischen Geschehens rund um die Kreuzigung treffen wir auf einen römischen Hauptmann. In den Evangelien taucht kein Name auf. Es gab eine Augustinernonne und Mystikerin: Anna Katharina Emmerick. Sie hatte vor gut 200 Jahren eine Vision von einem Hauptmann, der Abenadar hieß. Unabhängig davon, was man von so einer Vision halten will, entlehne ich ihr diesen Namen gerne. Es entreißt den Hauptmann seiner Unscheinbarkeit und signalisiert, dass er tatsächlich eine reale Person war. Im besten Falle erzeugt der Name auch ein bisschen mehr Nähe und Zugewandtheit. Gerade falls ihr wie ich bei »römischer Hauptmann« immer nur die römischen Legionäre vor Augen habt, die Asterix und Obelix so genüsslich verdreschen.

Da war also dieser Abenadar, wie ein Fels in der Brandung, mittendrin im Getümmel rund um die Kreuzigung. Er war verantwortlich für den reibungslosen Ablauf und er war es wohl auch, der später Pilatus Bericht erstattete, dass Jesus wirklich tot war. *Markus 15,45* Abenadar war in unmittelbarer Nähe, als Jesus seine letzten Worte sagte, erlebte davor die Reaktion von Jesus auf Dismas und Gestas, sah die Freunde und Verwandten von Jesus weinend oder auch konsterniert und war zugegen, als die eigenen Soldaten um das Gewand von Jesus würfelten. Einige dieser Ereignisse waren wohl Puzzleteile, die am Ende zu der umwälzenden Erfahrung für Abenadar geführt haben, die ihn direkt nach dem Sterben von Jesus zu einer überraschenden Aussage veranlasste – einem kraftvollen Glaubensbekenntnis. Der Ausspruch von Abenadar wurde von Umstehenden mitgehört und er hätte sich wohl nie gedacht, dass man sich auch noch nach über 2000 Jahren an ihn erinnern würde.

Es gibt sie, solche markanten Sätze, in eine geschichtsschreibende Situation hineingesprochen. Neil Armstrongs Satz »That's one small step for (a) man, one giant leap for mankind«, als er am 21. Juli 1969 als erster Mensch den Mond betrat, gehört definitiv in diese Kategorie. Genauso wie Martin Luther Kings »I have a dream«. Unbestritten gesellt sich auch die Aussage von Abenadar in die Sammlung der bedeutendsten Aussagen der Weltgeschichte: »Wahrlich, dieser Mensch ist Gottes Sohn gewesen!« *Markus 15,39* Geäußert, als die Erde bebte und sich eine beängstigende Dunkelheit über die Szenerie legte. Der wohl abgründigste Moment der Menschheit, wo sich die hässliche Fratze der Unmenschlichkeit hämisch grinsend und scheinbar triumphierend über die Liebe erhebt. Der Moment, an dem wir Menschen so weit gehen, den Gott zu töten, der uns nahegekommen ist, um uns bedingungslos zu lieben.

Wenn man versucht ist anzunehmen, diese besorgniserregende Dunkelheit würde bis zur Auferstehung anhalten, hat man sich geirrt. Denn es ist gleichzeitig auch der Moment, wo die momentane Dunkelheit und die tiefste Dunkelheit der Menschheitsgeschichte von einem aufblitzenden Lichtstrahl durchschnitten werden.

Bereits in den ersten Sekunden nach dem qualvollen Sterben von Christus, nachdem er ein letztes Mal schmerzvoll ausgeatmet hatte und sich der Verdacht bedrohlich erheben möchte, dass die Liebe versagt hätte und niedergerungen worden wäre, durchbricht ein kleines, aber unübersehbares Hoffnungslicht die Szenerie: in Form einer Person, Abenadar. Er und mit ihm einige Soldaten, die mitbeteiligt waren an der Tötung, erkennen im Sterben eines ihrer verurteilten Gefangenen dessen Göttlichkeit. *Matthäus 27,54*

Mich fasziniert, dass wie bei Dismas nicht erst das Wunder der Auferstehung eine Umkehr und Hinwendung zu Jesus ausgelöst hat, sondern bereits sein Sterben. Dabei könnte die Paarung des »Letzten« und des »Ersten«, der sich Christus zuwendet, kaum unterschiedlicher sein: Während in den letzten Minuten vor Jesu Tod sich ihm Dismas, ein Verbrecher, im Glauben zuwendet, ist es wenige Minuten – maximal ein paar Stunden – nach dem letzten Atemzug von Christus Abenadar, ein Gesetzeshüter. Immer wieder verdeutlicht uns die Bibel, wie uns Gottes Liebe unabhängig von unserer Geschichte, unserem Status, unserer Herkunft und unseren Fähigkeiten zukommt. Die lebensverändernden Hinwendungen geschahen rund um Christus, den Menschgewordenen, Christus, den Lebenden, Christus, den Auferstandenen – und auch um Christus, den Gekreuzigten.

+++

Wir können Christus und seine Botschaft nur in ihrer Ganzheit verstehen – durch seine Geburt und die Menschwerdung Gottes, durch sein Leben und sein gelebtes Vorbild, durch sein Sterben und die dadurch in die Welt hereinbrechende Erlösung und durch seine Auferstehung, die alles überwunden hat.

Die Erkenntnis von Abenadar ist bezeichnend und steht stellvertretend für so viele, die in Christus den Gottessohn erkannt haben. Ich bezeichne diese Erfahrung, die Kopf und Herz gleichermaßen involviert, als das wohl größte Wunder, das ein Mensch zu seiner Lebzeit erfahren kann. Denn nichts kann so verstockt, unnachgiebig und veränderungsresistent sein wie unser Herz. Das Beben, das bei der Kreuzigung geschah, hat nicht nur das Land erschüttert, sondern auch das Herz von Abenadar. Und genauso brauchen auch wir es immer wieder neu, dass sich unser Inneres erschüttern lässt, damit die falschen Konstrukte unseres Glaubens und Intellekts wegbrechen und unser Inneres sich wieder zurechtrückt.

Manchmal habe ich befürchtet, dass mir solche Erdbeben meinen Glauben an Gott erschüttert haben, weil Gott dadurch irgendwelche Risse bekam – um dann bei genauerer Betrachtung erleichtert zu realisieren, dass es nicht Gott ist, der erschüttert wurde und Risse bekam, sondern vielmehr mein Gottesbild. Und das ist gut so. Es ist heilsam, wenn die falschen Überzüge und Lacke unseres Gottesbild abbröckeln, damit der wahre Gott zum Vorschein kommt. Tatsächlich ist das oft mit Trennungsschmerz verbunden, weil wir uns so sehr an manche unserer Lieblingsbilder gewöhnt haben. Nur weil es wehtut, heißt es aber nicht, dass es weniger gut oder wichtig für uns wäre. Und das ist nicht der Werbeslogan meines Dentalhygienikers.

Der Satz von Abenadar »Wahrlich, dieser Mensch ist Gottes Sohn gewesen!« birgt das Potenzial, zum scheußlichsten Satz der gesamten Weltgeschichte zu avancieren. Wenn dieser Gott nämlich einem der damals in der griechischen oder auch römischen Welt gängigen, rachelüsternen Göttern geglichen hätte, dann hätte Abenadar allen Grund gehabt, sich vor nackter Furcht die Rüstung einzunässen – schließlich hat er eben dessen Sohn getötet. Noch dramatischer macht es die Tatsache, dass der von ihm getötete Christus angesagt hatte, nach dem Sterben wiederzukommen. Das wäre ein Rachezug geworden, neben dem der Terminator mit seinem »I'll be back!« und jeder selbst ernannte Hollywood-Rächer wie ein Kindergärtner ausgeschaut hätte.

Abenadar scheint, als ihm die Ahnung kam, dass da Gott im Spiel gewesen sein musste, nicht erbleicht weg- und zusammengebrochen zu sein, selbst dann nicht, als er und die Soldaten sehr *Matthäus 27,54* erschraken. Zumindest hat er sich nicht aus Furcht selbst ins Schwert gestürzt, weder den Dienst quittiert noch sich versteckt. Die Frage, was für eine Tonalität die Aussage von Abenadar also hatte, ist untrennbar mit der Frage verbunden, wessen Sohn er da gerade eben gekreuzigt hat. Was das für ein Gott ist. Da, wo man zu Recht auf eine gesunde Portion Zorn hätte treffen können, da, wo so ein bisschen Rache angebracht gewesen wäre – mir tut es jedenfalls jedes Mal wohl, wenn in einem Hollywood-Blockbuster wieder ein Held für Gerechtigkeit sorgt, auch wenn er dabei unlautere Mittel benutzt –, selbst in diesem Moment zeigt sich Gott als der, der er ist. Der Gott der Versöhnung, der Gott der Liebe, der auf unseren Gottesmord mit nackter Vergebung und Gnade in Reinkultur antwortet.

Manchmal brauchen wir wieder dieses heilsame Beben, das unser Gottesbild erschüttert, zurechtrückt und zurechtschleift. Wenn ein Psalmist in der Bibel *Psalm 143,12* wieder einmal seiner Seele Auslauf gibt und hoffnungsgequält einen Feinde zerstörenden und zermalmenden Gott besingt, dann fällt das manchmal auch in die Kategorie »Momentane Emotion« oder »Wunschdenken der Seele« und trifft nicht immer auf die Beschreibung des Gottes zu, der sich in Christus gezeigt hat. Es ist unser seelisches Wunschbild, oder auch unser verbogenes Gottesbild, das Gottes wahres Gesicht verzerrt. Und es gehört zum Urproblem der Menschheit, dass wir uns falsche Bilder über Gott basteln, um mit ihnen zu leben. Bereits bei Adam und Eva kommt die Schlange mit der Frage: »Hat Gott wirklich gesagt: Ihr dürft von keinem Baum des Gartens essen?« Eine listige und sanfte Verdrehung der Wahrheit. So ganz knapp an dem vorbei, was Gott tatsächlich gesagt hat. Aber es klingt nach einem Spaß verderbenden, limitierenden, zurückstutzenden Gott, wenn man der Aussage der Schlange Glauben schenkt, während die Wahrheit ist, dass da in diesem Garten die Früchte von allen Bäumen, außer von einem, zum Essen gedacht waren. Tatsächlich musste Gott diese Möglichkeit einbauen, um uns als menschliche Gegenüber mit einem freien Willen zu erschaffen. Diese Sichtweise beleuchtet jedoch einen Gott, der uns mit Abertausenden von Bäumen ein Leben im Überfluss zur Verfügung gestellt hat, während er mit nur einem Baum die Möglichkeit marginal klein hält, dass wir uns gegen ihn auflehnen. Ein komplett anderes Narrativ also. Und ein anderes Gottesbild.

Immer wieder schleichen sich in unsere religiösen Systeme und unser eigenes Denken leichte Wahrheitsverschiebungen ein, Verzerrungen des Gottesbilds, die manchmal ziemlich fromm klingen und am Ende aber das Wesen von Gott bis zur Unkenntlichkeit verzerren können. Manchmal führt das in uns gewachsene Narrativ auch zu falschen Rückschlüssen, wie zum Beispiel: »In der Welt gibt es Böses, also muss Gott, wenn er existiert, böse sein.« Oder der Rückschluss von einer manchmal als lieblos erlebten Christenheit auf einen lieblosen Gott. Doch nur weil jetzt ein Orchester *Eine kleine Nachtmusik* von Mozart äußerst fragwürdig interpretiert und das Stück aufgrund rhythmischer und harmonischer Schwierigkeiten ziemlich entstellt, würden wir Mozart nicht Unmusikalität attestieren.

Es werden noch sehr viel banalere Dinge als Gott zur Projektionsfläche von uns Menschen, zum Beispiel die Tomate. Im 16. Jahrhundert wurde das Nachtschattengewächs als »Giftapfel« beschimpft. Entdecker hatten sie aus Mexiko nach Europa gebracht. Doch wurden anfänglich zahlreiche reiche Menschen durch sie krank oder starben. Schuld war allerdings nicht die arme Tomate, die dafür herhalten musste, sondern die Zinnteller der adligen Aristokraten. Die Säure der Tomate löste das Blei auf, das zu einem hohen Anteil in den Tellern enthalten war, und führte zu einer Vergiftung – während die Tomate vom Pöbel mit den Holztellern problemlos konsumiert werden konnte. Genauso wie der Ruf der Tomate wegen des bleihaltigen Zinntellers gelitten hat, leidet auch oft der Ruf von Gott wegen der »giftigen« Verhaltensmuster von Christen. Das führt immer wieder zu Fehlschlüssen über Gottes Wesen. Auch können die religiösen Systeme, die wir als Menschen bauen und die wichtig sind für das gesunde Zusammenleben einer Gemeinschaft, toxische Spuren hinterlassen und giftig auf ihr Umfeld wirken – aber daraus den Rückschluss zu ziehen, dass Gott ein »Giftapfel« sei, wäre ein fataler Irrtum. Das falsche Lesen von bestimmten Kausalzusammenhängen hat in der Geschichte schon zu mancher Hexenjagd geführt. Auch können sich Scheinkausalitäten in unserem Leben hartnäckig festsetzen. Bekannt geworden ist die Korrelation von Geburten und Störchen. Im Frühling werden statistisch die meisten Kinder geboren. Im Frühling nisten die Störche. Folglich müssen die Störche einen Zusammenhang mit den Geburten haben – sie bringen die Babys. Ich hoffe, dass ich niemandem jetzt einen Mythos zerstöre, aber ohne mich dabei allzu weit aus dem Fenster lehnen zu müssen, kann ich mit großer Gewissheit sagen: Das ist nicht richtig.

Genauso ist das bei manchen Rückschlüssen, die wir aus bestimmten Erfahrungen über Gott ableiten. Zum Beispiel: »Die Bibel zeigt, dass Jesus die Menschen liebt und sie heilt. Ich selbst habe gebetet und wurde nicht geheilt. Ergo: Jesus hat mich nicht lieb.« Unabhängig davon, dass schon die erste Annahme hier falsch getroffen ist, weil auch zu biblischen Zeiten nicht einfach alle Menschen geheilt worden sind, können Scheinkausalitäten aufgrund von Erfahrungen und mit scheinbar plausibler Begründungskette zu einem verfälschten Gottesbild führen. Das ist heute nicht anders als noch zu biblischen Zeiten. Die Tomate ist kein »Giftapfel«. Und genauso wenig ist es Gott.

Johannes beschreibt in seinem ersten Brief eindrücklich, was aus allen Poren von Gottes Wesen quilt:

»Ihr Lieben, lasst uns einander lieb haben; denn die ***Liebe*** *ist von Gott, und wer liebt, der ist aus Gott geboren und kennt Gott. Wer nicht liebt, der kennt Gott nicht; denn Gott ist* ***Liebe****. Darin ist erschienen die* ***Liebe*** *Gottes unter uns, dass Gott seinen eingebornen Sohn gesandt hat in die Welt, damit wir durch ihn leben sollen. Darin besteht die* ***Liebe****: nicht, dass wir Gott geliebt haben, sondern dass er uns geliebt hat und gesandt seinen Sohn zur Versöhnung für unsere Sünden. Ihr Lieben, hat uns Gott so geliebt, so sollen wir uns auch untereinander lieben. Niemand hat Gott jemals gesehen. Wenn wir uns untereinander lieben, so bleibt Gott in uns, und seine* ***Liebe*** *ist in uns vollkommen. Daran erkennen wir, dass wir in ihm bleiben und er in uns, dass er uns von seinem Geist gegeben hat. Und wir haben gesehen und bezeugen, dass der Vater den Sohn gesandt hat als Heiland der Welt. Wer nun*

bekennt, dass Jesus Gottes Sohn ist, in dem bleibt Gott und er in Gott. Und wir haben erkannt und geglaubt die ***Liebe****, die Gott zu uns hat: Gott ist* ***Liebe****; und wer in der* ***Liebe*** *bleibt, der bleibt in Gott und Gott in ihm. Darin ist die* ***Liebe*** *bei uns vollendet, auf dass wir die Freiheit haben, zu reden am Tag des Gerichts; denn wie er ist, so sind auch wir in dieser Welt. Furcht ist nicht in der* ***Liebe****, sondern die vollkommene* ***Liebe*** *treibt die Furcht aus. Denn die Furcht rechnet mit Strafe; wer sich aber fürchtet, der ist nicht vollkommen in der* ***Liebe****. Lasst uns lieben, denn er hat uns zuerst geliebt. Wenn jemand spricht: Ich liebe Gott, und hasst seinen Bruder, der ist ein Lügner. Denn wer seinen Bruder nicht liebt, den er sieht, der kann nicht Gott lieben, den er nicht sieht. Und dies Gebot haben wir von ihm, dass, wer Gott liebt, dass der auch seinen Bruder liebe.«*

1. Johannes 4,7-21

Es wäre wohl eine zu infantile Frage, wenn ich wissen wollen würde, welches Wort in diesem Text inflationär auftaucht. Für Leserinnen und Leser, die eher gemächlich ventilierend durchs Leben gehen, habe ich mir die Mühe gemacht, das entsprechende Wort hervorzuheben. Am Ende landen wir bei dieser zentralen Aussage im Text:

Gott ist Liebe. Punkt.

Kerniger kann man Gott wohl kaum erfassen, als es der Verfasser dieses Briefes geschafft hat. Und allein an dieser Aussage haben wir Menschen ein Leben lang zu kauen. Gott hat nicht nur ein bisschen Liebe zu geben – er ist Liebe. Es ist Bestandteil seines Wesens, das alles durchdringt. Dies immer wieder neu für sich zu ergreifen, ist ein lebenslanger Prozess mit Auf und Ab. Und nicht immer fällt es gleichermaßen einfach zu akzeptieren, dass Gott unabhängig von den eigenen Lebensumständen tatsächlich Liebe ist.

GOTT IST LIEBE

PUNKT.

Deshalb haben wir glaubensmäßig viel erreicht, wenn wir irgendwo auf unserer Lebensstrecke diese drei Fragen für uns mit einem Ja beantworten können – egal, wie zögerlich oder vorsichtig es auch sein mag:

1. Ist Gott?
2. Ist Gott gut?
3. Ist Gott gut zu mir?

Die erste dreht sich um die Existenz von Gott. Die zweite um sein Wesen. Und die dritte beantwortet dann die Beziehungsfrage. Glaube ist am Ende ein Sich-fallen-Lassen mit der maximal hoffenden Zuversicht, diesem existierenden, guten Gott »in die Hände zu fallen«. Es ist nicht ein Glauben aus Schauen heraus geboren, *2. Korinther 5,7* sondern ein Vertrauen auf den Charakter Gottes. Weil er Liebe ist, weil er gut ist.

»Denn der Feigenbaum grünt nicht, und es ist kein Gewächs an den Weinstöcken. Der Ertrag des Ölbaums bleibt aus, und die Äcker bringen keine Nahrung; Schafe sind aus den Hürden gerissen, und in den Ställen sind keine Rinder. Aber ich will mich freuen des Herrn und fröhlich sein in Gott, meinem Heil.« *Habakuk 3,17-18* Obwohl ich manchmal nicht sehe, wie etwas wächst, wie etwas grünt, obwohl ich Dinge sehe, die nicht gut sind und nicht so, wie sie sein sollten, vertraue ich auf den Charakter Gottes – dass er gut ist. Was nicht heißt, dass mein Leben schmerzfrei und reibungslos verlaufen ist oder noch verlaufen wird. Aber mit Blick auf ihn wird mein Leben spätestens am Ende gut. Und wenn es nicht gut ist, ist es noch nicht das Ende.

+++

Ich liebe die Beschreibung, die Jesus selbst von Gott gibt, indem er sich der Metapher eines liebenden Vaters bedient. In einer Zeit, in der viele Jugendliche ohne Vater aufwachsen oder mit einem Vater, der aus verschiedenen Gründen nicht fähig war, ihnen genügend Liebe entgegenzutragen, kann das eine schwierig zu greifende Metapher sein. Umso wichtiger ist es, dass wir uns darauf einlassen und das Bild, das Jesus uns malt, nicht von unseren eigenen Bildern überdecken.

Denn unsere Malversuche würden genauso enden wie diejenigen der spanischen Seniorin, die auf eigene Faust in einer Kirche im spanischen Borja ein Bild von Christus aus dem 19. Jahrhundert restaurieren wollte, was laut der Zeitschrift *Le Monde* »... in einem Massaker« geendet hat. Tatsächlich glich das Resultat nicht mehr einem Christus mit Dornenkrone, sondern eher einem »aufgeblasenen Igel«, wie *The Guardian* in London treffend bemerkte.[17] Doppelt lustig, wenn man bedenkt, dass das Bild *Ecce Homo* heißt, was »Siehe, der Mensch!« bedeutet – das Resultat dann aber eher an einen aufgeblasenen Igel oder ein Monchichi erinnert, jene kleinen Äffchen, die in den Achtzigerjahren in ganz vielen Kinderzimmern beheimatet waren. Genau deshalb ist es so wichtig, dass wir uns Gott nicht selbst malen, sondern dass wir ihn durch Christus anschauen.

Es gibt einen Vers in der Bibel, der für mich alles zusammenfassend ausdrückt. Er findet sich in dieser Geschichte, die Jesus erzählt, von einem Vater mit seinen zwei Söhnen. *Lukas 15,11-32* Einer möchte weg von zu Hause, bekommt dafür Geld vom Vater und verschwindet – worauf er sein Leben heftig gegen die Wand fährt. Seine Reaktion daraufhin zeigt deutlich, dass er genau wie wir an einem falschen Gottesbild leidet. Er ist überzeugt, dass er nicht mehr als Sohn zum Vater zurückkehren kann, sondern möchte sich seinem Vater als Knecht anbieten. Würde er seinen Vater aber wirklich kennen, wäre ihm klar, dass der ihn nicht als Knecht, sondern als Sohn zurückhaben möchte.

Bestimmt lebe auch ich immer wieder bewusst oder unbewusst mit Bildern von Gott, die ich mir zurechtgelegt habe, die aber nicht der Wirklichkeit entsprechen. Dieser erste Sohn verlässt die Schweine, die er zwischenzeitlich hüten musste, um über die Runden zu kommen, und übt auf dem Nachhauseweg sein Sorry-Sprüchlein ein, wie meine Kinder in der Adventszeit ihr »Samichlaus-Verslein«, damit sie Nüsse und Schokolade kriegen. Und einen Grittibänz. Und dann ist da dieser legendäre Vers: »So machte er sich auf den Weg zu seinem Vater. Dieser sah ihn schon von weitem kommen; voller Mitleid lief er ihm entgegen, fiel ihm um den Hals und küsste ihn.« *Lukas 15,20**

Das einleitende »So ...« gefällt mir.

Bei diesem Sohn bedeutet es vielleicht »so gebrochen«, »so zögerlich«, »so verängstigt«, »so verunsichert«, »so reuig«, »so sehnsüchtig« oder »so selbstzerfleischend«. Das »so ...« lässt Raum offen für unser eigenes »so ...« Es ist gut, es zu definieren und uns nicht davon abhalten zu lassen, »so ...« zum Vater zu kommen. Der Sohn kommt dann jedoch noch nicht einmal dazu, zu seinem Sprüchlein anzusetzen, da wird er schon von der Liebe seines Vaters umspült. Der Vater wird von Jesus dabei mit fünf wunderschönen Attributen umschrieben:

---

von Weitem sehend

---

voll mitleidend

---

entgegenlaufend

---

um den Hals fallend

---

küssend

Ich bin selbst Vater von vier Kindern und immer wieder frustriert, wie unerlöst meine Reaktion manchmal auf ihre Aktionen sein kann. Wenn sie – wie dieser Sohn – etwas gemacht haben, von dem ich ihnen abgeraten habe, und dabei in die Bredouille kommen, dann ist meine erste Reaktion oft nicht Mitleid. Oder im Minimum eine Form von Mitleid, die getüncht ist mit einer ordentlichen Portion Genugtuung. Manchmal vermischt es sich auch noch mit Wut zu einem wahren Emotionscocktail. Wenn ich einer Tochter mehrfach sage, dass sie sich eincremen muss an einem Sommertag, und sie dann doch uneingecremt mit einem Sonnenbrand nach Hause kommt, dann ist meine erste Reaktion nicht Trost, sondern ein energischer »Hab ich dir nicht genau das gesagt?«-Vorwurf.

Genau deshalb darf sich meine eigene Vaterschaft oder mein Bild von Vaterschaft nicht wie ein Schimmel über das wohlduftende Brot legen, das Jesus uns hier backt. Auch wenn unsere Imagination auf die menschliche Bildwelt begrenzt ist, dürfen wir uns Gott nicht anthropomorph einzäunen. Jesus bedient sich der uns verfügbaren Bildwelt und stellt uns den wohlschmeckenden und duftenden Gott vor die Nase, wie ein Bäcker, der das frisch gebackene Brot aus dem Ofen zieht, um es dann zum Essen zu verteilen. Gott, der Vater, sieht uns von Weitem, was heißt, dass er sehnsüchtig nach uns Ausschau hält. Er hat ein Herz voller Mitleid – da ist kein Raum für Vorwürfe. Er läuft mir entgegen, anstatt mit verschränkten Armen und hochgezogenen Augenbrauen einen auf »Komm du mir mal nach Hause!« zu machen. Sowieso war das Rennen für einen Mann in jenen Kulturkreisen verpönt, aber der Vater lässt sich nicht davon abhalten. Er fällt mir umarmend um den Hals – unabhängig vom Gestank und Dreck der Schweine, der an mir klebt. Je nach Windrichtung an diesem Tag der Rückkehr ist deshalb Punkt 1 vielleicht nicht ein »von Weitem sehend«, sondern eher ein »von Weitem riechend« gewesen. Und schließlich ist da dieses zärtliche Küssen, dieses Zeichen vom bedingungslosen Angenommen- und Aufgenommen-Sein.

+++

In diesem einen Vers beschreibt Jesus uns einen himmlischen Vater, bei dem meine Seelensaiten sehnsüchtig mitzuschwingen beginnen. Es ist deshalb so zentral, dass wir kreuzweise werden, dass wir durchs Kreuz und durch Christus Gott betrachten, die Welt betrachten, andere Menschen und uns selbst. Dieser Blick durch ihn verändert unser Gottesbild, unser Weltbild, unser Menschenbild und unser Selbstbild. Er lässt unsere kränkelnden und oft schwächelnden Bilder gesunden und ermöglicht uns einen Umgang miteinander, der von seinem Geist und seiner Liebe durchdrungen ist.

Manche mögen jetzt nach so viel Liebe warnend den Zeigefinger heben, dass man darob nicht die Wahrheit vergessen möge. Absolut richtig. Liebe ist keine weich gespülte Gutenacht-Kuscheldecke. Und Wahrheit und Liebe bedingen sich gegenseitig.

Habt ihr die Wahrheit in dieser Story entdeckt? Die Wahrheit führt dazu, dass der bei den Schweinen gelandete Sohn erkennt, dass hier nicht sein Platz ist. Die Wahrheit dient ihm, sich auf den Weg zurück zu begeben. Das Fünkchen Wahrheit, das in ihm über das Wesen seines Vaters steckt, gibt ihm Zuversicht, dass er sich traut, dem Vater unter die Augen zu treten. Die Wahrheit liegt dem Sohn als Weg unter den Füßen, sie ist der Grund und der Kanal, durch den der Vater dem selbstsüchtigen Sohn seine Liebe überhaupt zufließen lassen kann. Christus sagt: »Ich bin der Weg. Ich bin die Wahrheit. Ich bin das Leben.« *Johannes 14,6*

Deshalb müssen wir die Wahrheit nicht auf Kosten der Liebe ausblenden, sondern unbedingt am richtigen Punkt verorten. Sie ist nicht zwingend das, was wir in überbordender Liebe fühlen, sondern kann als Wahrheit außerhalb von uns, von unserem Fühlen und Verstehen, von Gott wie die Schwerkraft gesetzt existieren. Gleichzeitig aber ist Wahrheit nicht in einem Dogmen-Katalog und einer Liste aus Richtigkeiten zu finden. Wahrheit ist eine Person. Deshalb ist und bleibt Glaube zutiefst eine Beziehungssache und von dieser losgelöst kann letztlich auch nicht geglaubt werden.

Und genau diese Beziehungssache hat sich damals am Kreuz zwischen Abenadar und Gott abgespielt. Es war der Moment, an dem er mitbeteiligt gewesen ist, diesen Gott am Kreuz zu töten. Etwas, dass wir Menschen seit Anbeginn der Zeit immer wieder auf unterschiedlichste Art und Weise in unserem Leben versuchen: Gott zu töten, ihn überflüssig zu machen, ihn auszumerzen, zu umgehen, seine Herrschaft zu torpedieren, ihm den Thron zu verweigern, selbst zu herrschen. Der Startpunkt dieses Gottesmordes findet sich bereits bei den ersten Menschen im Paradies, die selbst wie Gott sein wollten, und Nachbeben dieser Geschichte ziehen sich als Risse und Brüche bis in dein und mein Leben hinein.

Das Bekenntnis von Abenadar »Wahrlich, dieser ist wirklich Gottes Sohn gewesen!« bezeichnet jedoch nicht ein abgrundtiefes Horrorszenario mit einem Rachegott, der zurückkommt, um alle niederzumetzeln, die sich an ihm vergangen haben. Im Gegenteil: Dieses Bekenntnis benennt Wahrheit in einem historischen Moment, der zum größten Liebesbeweis der Weltgeschichte werden wird, indem Christus aufersteht und so den Weg zur Versöhnung ebnet. Der Zerbruch des Gottesbildes räumt erst den Weg frei für einen Aufbruch in die Nachfolge des entzerrten Gottes.

Abenadar kann hoffnungsvoll vor dem Kreuz stehen. Und ich mit ihm. Weil sich unsere Erkenntnis an einem Gott entlädt, der Liebe ist. Punkt.

STOSS UM!
LASS FALLEN!
REISS NIEDER!

VON
TAMARA
BOPPART

ZU VIEL DES GUTEN
EIN BRIEFWECHSEL MIT DER LIEBE

Liebe *Liebe*,

ich erlaube mir das Du. Hoffe, das geht für dich in Ordnung. Aber so wie ich dich kenne, sollte das für dich kein Problem sein. Ich fackle mal nicht lange: Das ist ein Beschwerdebrief. Ich hab so meine Mühe mit dir. Du bist in letzter Zeit viel zu sanft und lässt alles durchgehen. So lernt doch niemand was! Menschen brauchen auch mal aufgezeigt, wo der Barthel den Most holt. Und dann dein Mitgefühl. Mit jeder und jedem gehst du innerlich mit, hörst zu und versuchst zu verstehen. Damit lädst du dir selbst doch viel zu viel auf. Noch nie etwas von Selfcare gehört? Überhaupt: dein ständiges Entgegenkommen! (On top mit deiner Engelsgeduld.) Nimm doch ein einziges Mal eine Abkürzung und geh einfach deinen eigenen Überzeugungen nach! Dein Verhältnis zu anderen erscheint mir generell toxisch. Total einseitig. Du gibst dein letztes Hemd für deinen Nächsten. Kommt da eigentlich auch mal was zurück? Darüber solltest du wirklich mal nachdenken. Und über dein Lächeln müssen wir reden. Langsam nehme ich dir deine Freundlichkeit nicht mehr ab. Und erst all die Berührungen, Umarmungen und Küsse. Weißt du eigentlich, was du dir da alles auflesen könntest? Und zum Schluss noch dies: An dem Tag dort auf Golgatha, was war da genau mit dir los? Dich einfach so unterkriegen und von der Dunkelheit schlucken lassen – dein Ernst?
Das war wohl etwas viel Realtalk. Dachte einfach, jemand muss dich mal darauf ansprechen.

Schöne Grüße

Liebe *Geliebte,*

vielen Dank für deine Anregungen. Ich kann verstehen, dass du mich oft nicht verstehst. Das liegt wohl in der Natur der Sache: höher als alle Vernunft. Deshalb nur so viel: Es gehört zu meinem Wesen, deine Einteilung in Geben und Empfangen zu unterlaufen. Das Prinzip »Ich in dir, du in mir« ist doch alles andere als einseitig, oder etwa nicht? Du glaubst, das Haus zu umkreisen, aber in Wirklichkeit kreist das Haus um dich, und du bist schon lange in ihm. Um mich brauchst du dir dabei keine Sorgen zu machen. Mein Tank ist nicht so schnell leer.
Ich fasse mich kurz: Ich brauche dich! Ich habe keine anderen Hände als deine. Lerne, die Dinge so anzugehen wie ich. Und übrigens, ich hatte keinen schlechten Tag, als er am Kreuz hing. Die Dinge sind nicht immer so, wie sie dir erscheinen. Das war nicht das Ende. Es war erst der Anfang.

Ich umarme und küsse dich ;-)

**Ich bitte um ein Erdbeben.
Um eines in mir drin.
Bring meinen Herzensboden zum Erzittern!
Stoß um! Lass fallen! Reiß nieder!
Lass mein Bild von dir Risse bekommen
und vor meinen Augen zerbröseln.
Damit weg ist, was ich mir bloß
ausgemalt habe.**

**Sodass ich dich aufs Neue suche.
Dein Wesen vermute, dein Gesicht ertaste.
Wachse, guter Gott, wachse in mir.
In meinem *Geist*, in meinem *Herzen*,
in meinen *Sinnen*.
Wachse in mir in deiner Zugewandtheit,
deiner Milde und in deiner *Liebe*.
In all dem, was du wirklich bist.**

AMEN

>>> Es braucht Mumm, so zu beten. Umbauen ist anstrengend. Sich korrigieren lassen ist nicht angenehm. Loslassen tut oft weh. Insbesondere dann, wenn das Neue noch nicht greifbar ist. Fass dir ein Herz!

LIEBE IN PERSON

Weise der Liebe

Weise online
anhören und
ansehen

Liebe in Person
(Weise der Liebe)

Von Julia Buch, Daniela Hogger und Jonathan Schmidt

Oh Liebe, was hast du mit uns gemacht?
Damals am Kreuz hast du uns alle überrascht
Du wurdest geschunden
Hast nie an Rache gedacht
Du hast das gute Werk der Liebe vollbracht

Du bist Liebe, Liebe, Liebe in Person
Du bist Liebe, du bist wahrlich Gottes Sohn
Selbst im Angesicht des Tods
Hattest du das letzte Wort
Du bist Liebe, Liebe, Liebe in Person

Oh Liebe, was hast du mit mir gemacht?
Du bist geblieben, bist nicht weggerannt
Du wurdest verleugnet
Hast nie auf dein Recht gepocht
Du hast Versöhnung möglich gemacht

Gott, ich glaube, du bist
Ja, ich glaube, du bist gut
Ja, ich glaube, du bist gut zu mir

OH LIEBE WAS HAST DU MIT MIR GEMACHT?

>> Diese Weise ist eine Erinnerung an jene Nacht, als Jesus Christus am Kreuz den größten Liebesbeweis der Menschheitsgeschichte erbrachte. Wenn diese überraschend unfassbare Liebe schon in der Person von Christus zum Ausdruck kommt, wollten wir ihn auch einmal direkt als solche ansprechen: als Liebe.

INRI

5

PILATUS, DER KÖNIGSMACHER – DIE SCHALOMATISIERUNG DER WELT

Jesus wurde bei seiner Verurteilung von »Pontius zu Pilatus« geschickt – er pendelte zwischen Herodes und Pilatus hin und her. Dies, weil er für seine Selbstbezeichnung als Gottes Sohn vor jüdischem Recht schuldig gesprochen werden sollte und für seinen Anspruch auf das Königtum den Frieden im römischen Kaiserreich gefährdete.

Bei diesem scheinbar finalen Akt im Fall »Jesus« spielt der Römer Pontius Pilatus eine zentrale Rolle. Er hätte sich wohl gerne auch einen einfacheren Fall ausgesucht als die Sache mit dem doppelten Jesus. Tatsächlich ging es nämlich um zwei Jesusse. Da ist dieser Aufrührer von Nazaret, den ein Teil der jüdischen Obrigkeit weghaben wollte. Und dann der andere Jesus, Jesus Barabbas, der im Zusammenhang mit Aufruhr und Mord festgenommen wurde. In den Evangelien spürt man den äußeren Druck von Pilatus, der nicht so richtig weiß, wie er mit den beiden Jesussen verfahren soll, aus jeder Zeile quillen.

Im Nacken hat er bestimmt auch noch die Forderung seiner Frau, die seine Intuition und Wahrnehmung in Richtung Unschuld des ersten Jesus bestärkt. Sie lässt einen Diener zu ihrem Mann schicken, als dieser auf dem Richterstuhl sitzt, und lässt ihm mitteilen, dass er nichts gegen Jesus, von dem man sagt, er sei der Christus, unternehmen solle, weil er unschuldig sei. In der Nacht zuvor hatte sie deswegen einen furchtbaren Traum. *Matthäus 27,19* Bestimmt hat das Pontius beeinflusst – immerhin hat diese Geschichte genügend Kreise gezogen, dass sie bis zu Matthäus gelangte, der sie als ein für ihn wichtiges Detail festhaltenswürdig hielt.

Da war ein Aufrührer und Mörder und daneben ein für Pilatus harmlos wirkender Rabbi. Pilatus bietet den Leuten an, einen der beiden freizulassen, wobei er womöglich hofft, dass der Jesus freikommt, der für sich den Messiastitel beansprucht. Doch das Volk wird angestachelt, um für Jesus Barabbas Freiheit zu skandieren und für den anderen Jesus das Kreuz zu fordern. Pilatus' Unverständnis, »Was hat er denn Böses getan?« *Markus 15,14*, geht in den lautstarken und emotionsgeladenen Kreuzigungsforderungen der aufbrausenden Masse unter. Jesus Barabbas war definitiv schuldig, entging aber aufgrund der Verurteilung des unschuldigen Jesus Christus seiner eigenen Bestrafung. Ein Verbrecher, unverdient freigesprochen, symbolisch für die gesamte Menschheit. So gesehen trägt jede und jeder von uns ein bisschen Barabbas in sich.

Nachdem Pilatus Jesus der Geißelung und dem Spott durch die Soldaten ausgeliefert hat, versucht er noch einmal, die Menschen von dessen Unschuld zu überzeugen: »Seht, ich führe ihn heraus zu euch, damit ihr erkennt, dass ich keine Schuld an ihm finde.« Dazu führt er den sichtlich gezeichneten Jesus vor die Menge und ruft:

»Ecce Homo! Seht, welch ein Mensch!«

Johannes 19,4-5

Doch die jüdische Priesterschaft lässt sich nicht umstimmen und Pilatus fürchtet sich vor der energetischen und unkontrollierbaren Dynamik, die ihm entgegenschlägt wie ein heißer Wind an einem Hitzetag im Hochsommer. So kommt es, dass er am Ende auf die Forderungen des Volkes eingeht und das Todesurteil über Jesus ausspricht.

In der gesamten Geschichte, die sich um Pontius Pilatus entfaltet, gibt es eine Frage, die sich für mich persönlich über alles Geschehen hinaushebt und mit einem erhabenen Gewicht im Raum schwebt. Es ist die Frage von Pilatus an Jesus: »Bist du der König der Juden?«, worauf Jesus mit einem bestätigenden »Du sagst es« *Markus 15,2* entgegnet. Mir scheint es, als sei das ganze Leben von Jesus auf diesen Punkt hin zugelaufen, ja noch eher: die ganze Menschheitsgeschichte.

Gott ist König.

Gott war schon immer souveräner Schöpfer und Erhalter dieser Welt, aber in und durch Jesus realisiert sich nun seine Königsherrschaft, für alle Welt sichtbar.

Von der Taufe mit dem Identitätszuspruch »Dies ist mein geliebter Sohn«, der den Königseinsetzungsworten aus Psalm 2 *Psalm 2,6-7* entspricht, über die Kreuzigung bis zur Auferstehung, bei der er das Böse überwindet *Kolosser 2,15*, und zur Himmelfahrt in Referenz zur prophetischen Vorausschau in Daniel 7 *Daniel 7,13-14* verdichtet sich die Königsherrschaft von Jesus schrittweise. Es kommt zu der skurril anmutenden Szene, in der Pilatus diesen Königsanspruch zu akzeptieren, ja, gar zu verteidigen scheint. Während die Soldaten Jesus als vermeintlich selbst ernannten König mit Mantel und Dornenkrone verspotten und demütigen, lässt Pilatus die als INRI berühmt gewordene Inschrift in Griechisch, Latein und Hebräisch über dem Kreuz anbringen: Iesus Nazarenus Rex Iudaeorum. Jesus von Nazaret, König der Juden.

Es war so üblich bei den Römern, dass man mit einer Tafel bekannt gab, warum ein Verurteilter schuldig war. Der römische Geschichtsschreiber Cassius Dio erwähnt den Brauch auch einmal in Bezug auf eine Kreuzigung. Auf der Tafel war zu lesen, was die Person verbrochen hatte. Verständlicherweise erhoben die führenden Priester des jüdischen Volkes dagegen Einspruch: »Schreibe nicht: ›Der Juden König‹, sondern dass er gesagt hat: ›Ich bin der Juden König.‹« Sie wollten klargestellt haben, dass er sterben *Johannes 19,19-21* musste, weil er den Anspruch erhoben hatte, König zu sein – und nicht etwa, weil er es tatsächlich war. Erstaunlich ist, wie Pilatus darauf reagierte: »Quod scripsi, scripsi« – »Was ich geschrieben habe, das habe ich geschrieben.« Man kann nicht herauslesen, warum er diese Inschrift so vehement verteidigt hat. Vielleicht war er genervt von dem zwielichtigen Spiel und hatte genug, im Sinne von: »Ihr könnt mich mal kreuzweise!«

Einige Theologen deuten die Handlung als Spott – was ich jedoch infrage stellen würde, weil die Geschichte uns aufzeigt, dass Pilatus vom Widerstand des Volks eingeschüchtert gewesen ist und sich vor der jüdisch-geistlichen Elite in gewissem Maße gefürchtet hat. Er wollte keinen Aufstand und damit einen Gesichtsverlust vor seinen Chefs in Rom riskieren. Da Pilatus mit dem Tod von Jesus wohl versucht hat, die Wogen zu glätten und einen größeren Aufstand zu verhindern Johannes 19,8, kann ich mir nicht vorstellen, dass er wegen dieser Inschrift dann doch den Frieden und die Stabilität wieder fahrlässig und unnötig riskiert hätte. Deshalb komme ich zu dem Punkt, dass in ihm bei der Begegnung mit Jesus tatsächlich etwas passiert sein muss. Etwas an diesem Christus hatte ihn nicht kaltgelassen. Schließlich hat er bis zum Ende versucht, die Verurteilung von Jesus zu umgehen. Um am Ende, als es unausweichlich wurde, mit seinem symbolischen Händewaschen zu signalisieren, dass nicht er diese Entscheidung getroffen hat und andere dafür verantwortlich gemacht werden müssen – was natürlich dennoch ein Sich-aus-der-Affäre-Ziehen war.

+++

Welche inneren Prozesse Pilatus durchlebt hat, lässt sich nicht mit Bestimmtheit sagen. Seine Person wird auch in der Kirchengeschichte sehr divergent beurteilt. Schenkt man der Aussage des Kirchenvaters Tertullian aus dem 2. Jahrhundert Glauben, so ist Pilatus Christ geworden. In der koptisch-orthodoxen Kirche gilt der 25. Juni als Gedenktag für ihn, der dort als Märtyrer verehrt wird. In die andere Richtung kippt die abendländische wie auch die orthodoxe Kirche, wo er seit der Zeit von Kaiser Konstantin häufig als *deicida*, als Gottesmörder, bezeichnet wird. Historisch gesehen hat Pilatus in seinem Leben noch einige unschöne und brutale Dinge fabriziert – wobei dies nicht zwingend gegen eine christliche Grundgesinnung sprechen muss. Die Bibel, die Geschichte und das Heute sprechen eine deutliche Sprache, dass Christusnachfolge nicht automatisch eigene Dummheit und üble Taten ausklammert. Denn, wie ein Freund von mir in vulgärer Deutlichkeit zu sagen pflegt, die »arschlöchige Natur« des Menschen drückt immer wieder mal an die Oberfläche.

Der »alte Mensch« Epheser 4,22-24, wie es bei Paulus ein wenig sanfter heißt, ist zwar vom Himmel her betrachtet gestorben 2. Korinther 5,17, klebt aber doch ein Leben lang an uns dran wie ein Kaugummi an der Schuhsohle und kann dabei immer wieder für beträchtliche Interferenzen in unserem Tun und Wollen sorgen. So, dass selbst das große biblische Vorbild König David, der in der Bibel als »ein Mann nach Gottes Herzen« 1. Samuel 13,14 bezeichnet wurde, massive Fehltritte in seinem Leben zu verzeichnen hatte und auch kurz vor seinem Tod noch unverständliche Dinge tat. Dass der greise David am Ende seines Lebens noch ein jungfräuliches, hübsches Mädchen benötigte, um seinen Körper zu wärmen, 1. Könige 1,1-3 ruft bei mir nur unverständiges Kopfschütteln hervor. Wenn man mal außer Acht lässt, dass Gottes Geist zu unterschiedlichen Zeiten unterschiedlich in und an uns gewirkt hat, können wir das als Davids »alten Menschen« deuten, seine »arschlöchige Natur«, die sich da unheilig aufgebäumt hat.

Auch Pilatus scheint solche inneren Kämpfe in seinem Gewissen ausgefochten zu haben. Die zwiespältige Wahrnehmung von Pontius Pilatus rührt daher, dass die Beweggründe, die zu seinem Urteil geführt haben, nicht klar zu bewerten sind. Einige unterstellen ihm eine spöttische Natur, andere Blindheit, wiederum andere schlicht und einfach Feigheit. Die

Frage taucht auf, ob seine Entscheidung falsch und Pilatus »böse« war, weil seine Entscheidung zum Kreuzestod geführt hat. Oder war er vielleicht einfach nur ein Werkzeug im sowieso von Gott festgelegten Heilsplan mit dieser Welt? Damit öffnet sich die große Kiste von göttlicher Prädestination, von Willensfreiheit und von der ethischen Grundlage zur Beurteilung einer solchen Entscheidung. Um uns darin nicht zu verlieren, können wir kurz zusammengefasst sagen: Pilatus ist und bleibt eine spannende und spannungsgeladene Person. Offensichtlich scheint mir, dass dieser Jesus bei ihm und seiner Frau einen bleibenden Eindruck hinterlassen haben muss.

Auch für seine Frau gibt es ähnliche geschichtliche Auslegungen, obwohl sie nur an dieser einen Stelle mit ihrem Albtraum biblisch erwähnt wird. Historisch bürgerte sich mancherorts ein, dass man sie Procula nannte, was auf das apokryphe Nikodemus-Evangelium zurückzuführen ist, wo im 17. Jahrhundert noch der Vorname Claudia dazukam. Manchmal wurde vermutet, dass es sich um dieselbe Claudia handeln könnte, die im 2. Timotheusbrief genannt wird: »Es grüßen dich Eubulus und Pudens und Linus und Klaudia und alle Brüder und Schwestern.« *2. Timotheusbrief 4,21* Manche halten sie deshalb für eine heimliche Anhängerin von Christus, was begründen würde, warum sie sich für seine Freilassung und den Freispruch eingesetzt hatte. Dies kann weder belegt noch widerlegt werden und erschöpft sich in Mutmaßungen.

Was bei mir hängen bleibt, ist ein Ehepaar, das sich unerwartet im Spülgang einer Waschmaschine der Emotionen wiederfindet. Und das, was am Ende nach dem Waschgang in weichgespültem Glanz der Schönheit erstrahlt, ist die Tatsache: Gott ist in Christus König geworden.

Meiner Meinung nach könnte dies der Grund gewesen sein, warum Pilatus sich am Ende geweigert hat, die Inschrift über dem Kreuz zu ändern. Während einige wie bereits geschrieben in diesem INRI eine spöttische Geste von Pilatus erkennen wollen, gibt es auch mindestens ebenso evidente Anzeichen, dass es so was wie ein Bekenntnis zu Jesus als König war – ohne dass wir wissen können, inwieweit das später Einfluss auf Pilatus und seine Frau genommen hat. Genauso wenig, wie ich selbst wissen kann, wo mein Leben weiter durchläuft und inwieweit mein Glaube an Christus auf einzelne Situationen Einfluss haben wird.

Ich kann es nicht belegen, aber beim Lesen dieses »Quod scripsi, scripsi!« lässt mich das Gefühl nicht los, dass Pilatus zu den ersten Menschen gehörte, die bei Christus etwas von seinem Königsein haben durchscheinen sehen. Genau wie Dismas, der Verbrecher am Kreuz, der sagte: »Jesus, denk an mich, wenn du deine Herrschaft als König antrittst!« *Lukas 23,42** Sie haben es gespürt, erahnt und trotzdem nicht immer abschließend einordnen können. Aber diese Auslegung von Pilatus und Claudia wäre kongruent mit der Wirkungskraft, die so viele unzählige Begegnungsgeschichten belegen, die wir rund ums Kreuz entdecken können, und deswegen keineswegs überraschend. Pontius und Claudia haben vielleicht diesen König gesehen – nur bruchstückhaft, schemenhaft angedeutet, wie einen Baum in dichtem Nebel, wie bei einem Blick durch eine Milchglasscheibe. Aber da war dieser Umriss, da war dieses kaum wahrnehmbare Aufblitzen, diese ungeheure Wahrheit, die ihre Wirkungskraft in ihnen zu entfalten begann, wie die Moleküle eines Duftsprays in einem Raum:

Jesus ist König.

Dieses bahnbrechende Outing von Jesus als König ist es wert, ihm noch mehr Aufmerksamkeit zu widmen.

Der Königsbegriff ist unglaublich sperrig – die Monarchien scheinen aus der Zeit gefallen und wirken für mich als Schweizer, aufgewachsen in einem demokratischen System mit sieben Bundesräten, eher befremdlich. Die Frage ist, wie man mit Metaphern umgeht, die uns die Bibel zuhält. Gerade, weil sie vielleicht heute anders konnotiert sind als damals.

Schon zu biblischen Zeiten hat das Königtum nicht nur Zuspruch gefunden, weshalb man innerbiblische Balancebemühungen erkennen kann. Im 5. Mose *5. Mose 17,14-20* wird erklärt, wie der König für Israel sein soll, und dabei wird dem König fast alles aus der Hand genommen, was die Macht der Könige damals üblicherweise ausgedrückt hat: Er soll von Gott aus dem eigenen Volk gewählt werden, soll weder viele Rosse noch viel Geld besitzen und auch nicht viele Frauen heiraten. Er soll ein demütiges Herz haben und sich an die Gebote halten. Auch hat die Bibel dem Königsbegriff den Begriff des Hirten zur Seite gestellt, um den Schattenwurf von »König« aufzuheben. Nicht zwingend als Polarität, sondern wohl eher in der Form, dass Gott seine Königsherrschaft wie ein Hirte ausübt und nicht etwa mit Attributen wie Macht, Gewalt und Prunk. Hesekiel 34 zeigt deutlich, wie das Hirtenbild zum Korrektiv für das Königsbild wird.

So ist es auch nicht verwunderlich, dass mit David ein Hirte König wurde, der beides in seiner Person vereinte. Auch im Psalm 23 kommt mit dem »Stecken und Stab« die Kombination von König und Hirte vor. Im Hebräischen ist das Wort für »Stecken« eine Bezeichnung für das, was ein König trug, um zu herrschen, während der »Stab« dem Hirten zugerechnet werden kann, als Stütze bei Wanderungen oder zum Schutz der Herde. Hirte und König paraphrasieren beide ganz unterschiedliche Eigenschaften von Gott. Und wenn wir die verschiedenen biblischen Gottesbilder losgelöst voneinander verwenden, kann das rasch zu einer Schieflage führen, zu einer Verzerrung des Göttlichen. Besonders heikel wird es, wenn wir die Begriffshülsen ungefiltert mit unserer Erfahrungswelt kreuzen und dann im Hintergrund beispielsweise noch das aktuelle royale Bild aus der Boulevardpresse mitschwingt.

Tatsächlich aber zeigt die biblische Erzählung auf, dass von Anfang an gedacht ist, dass Gott in Christus König wird. Sichtbar von der Exoduserfahrung – »Der Herr wird König sein immer und ewig« *2. Mose 15,18* – bis zur prophetischen Zukunftsvision: »Und der Herr wird König sein über alle Lande. An jenem Tag wird der Herr der einzige sein und sein Name der einzige.« Sacharja 14,9 Dieses Königtum zieht das Reich Gottes nach sich, von dem Christus als »bereits angebrochen« Lukas 17,21 spricht. Darauf aufbauend entfaltet sich auch der ursprüngliche Gedanke Gottes, mit uns Menschen in einem Urzustand des Schalom, des allumfassenden und alles durchdringenden Friedens, zu leben. Es war der Zustand, der mit dem »Sehr gut« (tov meod) in der Schöpfungsgeschichte so treffend beschrieben wird. 1. Mose 1,31 Alles war sehr gut und die Idee war, im guten Sinne über die Schöpfung zu »herrschen« (radah), für sie zu sorgen, auf sie achtzugeben.

Augenscheinlich leben wir nicht mehr in dem, weil wir zwar immer noch sehr viel Gutes und sehr Gutes entdecken können, aber weil auch vieles deutlich von diesem »Sehr gut« abweicht. Und unsere Art von Herrschaft hat sich außerhalb dieses göttlichen Zustandes und ohne sein heilsames Grundrauschen vielerorts als massiv korrumpiert und zerstörerisch entpuppt. Die Versöhnungstat von Gott trägt das »Sehr gut« in einer neuen Dimension und in Form des Schalom von außen wieder in unsere zerbrochenen Umstände hinein. Mit Christus als »Hirten-König« bekommt das Herrschen durch sein gelebtes Vorbild eine ganz neue Konnotation, einen wunderbaren, veränderten Geschmack. Den ursprünglich gedachten.

Dies ist der Grundgedanke des Evangeliums und wir finden ihn in seiner kürzesten Fassung wieder bei den Hirten auf dem Feld und in der Ankündigung der Engel von Jesu Geburt: »Ehre sei Gott in der Höhe und Friede auf Erden bei den Menschen seines Wohlgefallens.« Lukas 2,14 Das ist die wohl eindrücklichste und gleichzeitig kompakteste Version des Evangeliums – der guten und Frohen Botschaft, die untrennbar mit Christus verwoben ist.

Die Ansage der Engel beginnt mit der Aufforderung, sich nicht zu fürchten, und der Einleitung, dass es um eine große Freude geht, die sich in dem neugeborenen Christus personifiziert wiederfindet. Noch kürzer lässt sich kaum auf den Punkt Lukas 2,10-11 bringen, worum es bei der christlichen Botschaft geht. Die Frohe Botschaft, die unsere menschlichen Ängste verflüchtigen lässt, hat mit der Tatsache zu tun, dass Gott in Jesus Mensch geworden ist, um uns in seiner sehnsüchtig verzehrenden Liebe nahezukommen und zu erlösen – und dass es bei der guten Nachricht darum geht, dass Gott angebetet wird und sein Friede sich ausbreitet. Es ist nicht etwa so, dass Gott diese Anbetung benötigen würde, um glücklich zu sein – er ist in seinem Wesen nicht defizitär, sein Handeln ist weder selbstbehauptend noch egoistisch motiviert.

Bereits im 2. Jahrhundert hat Irenäus von Lyon gesagt: »Die Ehre Gottes ist der lebendige Mensch.« Wenn es der Schöpfung und uns Menschen gut geht, dann ist Gott glücklich. Das Gute der Guten Nachricht hat damit zu tun, dass wir Menschen Gott anbeten, weil wir ihn als unseren König anerkennen, und dass sein Friede mit und unter uns ist. Deshalb klingt sein »Versöhnt euch mit Gott« und »Werdet Botschafterinnen und Botschafter der Versöhnung für ihn« in mir auch so stark an. »Denn Gott war in Christus und versöhnte die Welt mit ihm selber und rechnete ihnen ihre Sünden nicht zu und hat unter uns aufgerichtet das Wort von der Versöhnung. So sind wir nun Botschafter an Christi statt, denn Gott ermahnt durch uns; so bitten wir nun an Christi statt: Lasst euch versöhnen mit Gott!« *2. Korinther 5,19-20*

Der Theologe Bernhard Ott hat in seinem Buch *Schalom – Das Projekt Gottes* zu der Ankündigung der Engel gesagt: »Kürzer kann man nicht sagen, worum es im christlichen Glauben geht: den einzigen Gott, den Schöpfer des Himmels und der Erde anbeten und sich in seinem Auftrag für den Frieden unter den Menschen einsetzen«, um dann anzumerken, dass die einen Christen sich sehr stark auf das Anbeten konzentrieren, während andere sich dem Projekt »Gerechtigkeit und Friede auf Erde« verschreiben – dabei sollte man die vertikale und die horizontale Dimension nicht auseinanderreißen, sondern sie so im Miteinander belassen, wie es von den Engeln verkündigt wurde:

»Wie lieblich sind auf den Bergen die Füße des Freudenboten, der da Frieden verkündigt, Gutes predigt, Heil verkündigt, der da sagt zu Zion: Dein Gott ist König!«

Jesaja 52,7

---

†††

Dieses »Jesus ist König« klang für mich viele Jahre lang ziemlich abgedroschen. Hat an irgendeinen plumpen Sticker-Spruch erinnert oder eine Sonntagsschulweisheit, mit der ich im Alltag dann ganz praktisch etwa ähnlich viel anfangen konnte wie mit den Differenzialgleichungen und den manuellen Logarithmen-Berechnungen aus meiner Schul- und Studienzeit. Ich bin allergisch geworden gegen fromme Floskeln, die wir anderen um die Ohren hauen oder lethargisch in unseren Gottesdiensten und Predigten repetieren, die sich aber bei genauerem Hinschauen als leere Worthülsen entpuppen. Oder die keine Andockstelle im Alltagsleben erzeugen. »Jesus ist König« hatte ich über die letzten Jahre deshalb auch in dieses Fach in meinem Worthülsenregal verstaut.

Die Frage, ob man biblische Begriffe beibehalten und neu füllen muss, damit man sie heute wieder versteht, oder ob man einfach verstehen muss, was sie damals ausgesagt haben, um dann neue Bilder zu suchen, die auch wieder in die heutige Zeit hineinsprechen, lasse ich mal einfach offen so stehen. Fakt ist, dass mich Gott als König in den letzten Monaten auf eine ganz sonderbare Art und Weise neu berührt hat. Dass sich diese Metapher für mich neu gefüllt hat und rund um diesen Begriff etwas lebendig geworden ist.

Wenn wir den christlichen Glauben als ein komplexes System an Wahrheiten definieren, ähnlich einem Teller Spaghetti, und dann an diesem einen Spaghetti »Gott ist König« ziehen, dann sehen wir, wie viel anderes noch an diesem einen Spaghetti hängt: Es taucht auf, dass, weil Gott in Christus am Kreuz König ist und war, dies seine Herrschaft und sein Königreich mit sich zieht. *Lukas 17,21* Wir leben in einer Zwischenzeit des Noch-nicht und des Schon-jetzt. Das Reich Gottes ist nahe gekommen *Matthäus 10,7*, es ist bereits im Wirken und Leben von Jesus sichtbar geworden *Matthäus 12,28*, trotzdem ist es noch nicht vollständig greifbar.

Das Unheil dieser Welt wurde mit Gottes Heil konfrontiert, das in Form von seinem Schalom daherkommt. Mit dem Sterben und dem Auferwecktwerden von Jesus wurde das Böse überwunden und es erfolgte ein Durchbruch in der Realisierung von Gottes Herrschaft. Es ist eine Zäsur in der Geschichte. Der Tod hat nicht das letzte Wort. Der Sieg ist errungen und in der Auferstehung bricht die neue Schöpfung an. Es ist ein neuer – ein noch nie da gewesener – Weg gebahnt: durch den Tod hindurch zu einem neuen Leben. *Römer 6,3-5*

Die Taufe ist ein äußerer Ausdruck, dass ich an dem Tod und der Auferstehung von Jesus teilhabe, ein Zeichen meiner inneren Hinwendung zu Gott als Antwort auf sein liebendes Werben um mich, seine suchende Zuwendung zu mir. In mir vollzieht sich ein Herrschaftswechsel – dass ich nicht mehr als König meines eigenen kleinen Reiches agiere, sondern meine Krone niederlege und ihm Raum gebe. Das hat nichts mit einer völligen Selbstaufgabe und der Verneinung jeglicher Wünsche und Bedürfnisse zu tun. Es meint, dass ich anerkenne, dass Gott Ursprung und Ziel meines Lebens ist und ich ihm erlaube, dass sein Geist in mir »Wohnung nimmt« und in mir lebt. *Johannes 14,23* Dass es etwas gibt, das größer ist als ich. Und jemanden. Und dass dieses Etwas, dieser Jemand, etwas mit mir zu tun hat. Paulus beschreibt es so: »Nicht mehr ich lebe, sondern Christus lebt in mir.« *Galater 2,20* Ist man nicht mit dieser biblischen Aussage groß geworden, dann klingt das schon sehr nach einer gruseligen Alien-Story für einen hollywoodschen C-Movie. Aber »Christus in uns« *Kolosser 1,27* ist eines der großen Geheimnisse des Glaubens, wie es Paulus nennt. Es ist das innere Verwobensein mit Gott, seine Wirkungskraft an und in uns, die uns verändert und Christus ähnlicher werden lässt. *Römer 8,29 | Epheser 4,15*

†††

Unter der Königsherrschaft von Christus wird alles heil. »Heil« kann als alles durchdringender Schalom definiert werden, als ein »Im Einklang mit Gott«-Sein, »Am richtigen Ort«-Sein. Spürbar ist es durch die Begleiterscheinungen, die das göttliche Reich hervorruft. Etwas von diesem Heil könnten vielleicht Pilatus und Claudia bei Christus gespürt haben. Denn das Reich Gottes breitet sich unweigerlich aus, wo Jesus sich befindet, weil Gott in Jesus König geworden ist. Es hat sich im Leben von Christus, seiner Versöhnungs- und Vergebungsbereitschaft und in seiner Gewaltlosigkeit kristallisiert. Im Frieden, den er angeboten und getragen hat. Und sogar als die Menschen Gott selbst am Kreuz töten wollten, kam er nicht zurück, um Rache zu nehmen – damit wurden der Tod und das Böse in dieser Welt endgültig überwunden.

Er hat nicht Friede geschaffen, indem er die Unterdrückung durch das Römische Reich beendete. Vielmehr hat sich Frieden und Heil überall da ausgebreitet, wo seine Füße den Boden berührt haben. Dass Gott selbst immer schon König war und ist, trägt eine Hoffnungsbotschaft in sich – je nachdem, welchem Gottesbild wir glaubend folgen. Es bedeutet, dass er regiert. Und das ist im Hinblick auf die Auswüchse der verschiedenen irdischen Regenten beruhigend. In der Nacht vor seinem Tod 1968 soll der Schweizer Theologe Karl Barth zu seinem Freund Eduard Thurneysen am Telefon gesagt haben:

»Ja, die Welt ist dunkel! Nur ja die Ohren nicht hängenlassen! … Nie! Denn es wird regiert …, nicht nur in Moskau oder in Washington oder in Peking, aber ganz von oben, vom Himmel her!«[18]

Karl Barth

Es wird regiert. Egal, was Menschen auf dieser Welt anrichten, wo Despoten den Abgründen ihrer Seele freien Lauf lassen und ganze Länder in die Dunkelheit stürzen. Oder wo ich selbst meiner »arschlöchigen Natur« in mir Raum gebe und damit Schaden in meinem Umfeld anrichte – es wird regiert.

Selbst in der dunkelsten Stunde der Menschen, in der Herodes und Pilatus über das Schicksal des Gottessohnes zu entscheiden hatten, blickte Gott tendenziell wohl eher nicht nervös auf den Schauplatz des Geschehens, weil er seine Pläne »durchkreuzt« sah. Denn es wird regiert. Gott schaut nicht auf die Erde und ist schockiert, weil ihm da etwas entglitten ist. Er ist weder überrascht noch überrumpelt, ist nicht ohnmächtig, nicht zu weit weg, zu alt und auch nicht einfach gleichgültig schlafend. Gott regiert. Sein Reich breitet sich aus und mit ihm der Schalom. Überall dort, wo wir als Menschen dies zulassen und ihm Raum geben.

Die Menschenrechtsaktivistin Lisa Sharon Harper hat sich in ihrem Buch *The Very Good Gospel* eingehend mit dem Begriff »Schalom« auseinandergesetzt. Sie beschreibt, wie er in fünf verschiedenen Formen 550 Mal in der Bibel verwendet wird. Der Begriff lässt sich füllen mit Wohlergehen, Ganzheitlichkeit und Ganzsein, mit der Perfektion von Gottes Schöpfung, mit Überfluss und Friede. Er wird verwendet, um sich zu grüßen, um sich Frieden zu wünschen, um die Abwesenheit von Konflikt auszudrücken, als Erlösung für die Verletzten und Verurteilung der Ungerechten. Es geht um Wiederherstellung von Beziehungen, Ganzwerden, Heilung und Friede.

SHALOM

Obwohl das Wort »Schalom« als solches nicht in den ersten biblischen Büchern auftaucht, ist das Konzept von »Schalom«, von den mit Gott versöhnt und verwobenen Beziehungen, augenscheinlich und charakteristisch erkennbar durch das von Gott gesprochene »Sehr gut«. Schalom ist eines der Schlüsselwörter, die wir in der Bibel finden können, und beschreibt die Erlösung, die Wiederherstellung aller Dinge, die Versöhnung der gesamten Schöpfung auf Gott hin durch das Sterben von Christus am Kreuz. *Kolosser 1,19-20*

Die semitischen Sprachen arbeiten immer mit einem Wortstamm, einer sogenannten Wurzel. Die Wurzel von Schalom ist SCH-L-M. Aus dieser Wurzel wird auch das Wort *schalem* gebildet (= ganz, vollständig). Wenn man eine Person fragt, wie es ihr geht, fragt man: »Ma schlomcha?« (= Wie ist dein Frieden?). Eine wunderbare Frage, die man sich auch in anderen Sprachen öfters einmal stellen sollte: »Wie steht es eigentlich momentan gerade um deinen Frieden?«

Schalom erzeugt ein alles umfassendes Wohlbefinden – sowohl physisch wie psychisch, sozial und spirituell. Es ist der Zustand, der in der Welt, in uns sowie zwischen uns und Gott entsteht, weil die Beziehungsebenen durch Gottes Versöhnungsakt in Ordnung gebracht, in den ursprünglich gedachten Zustand, versetzt werden. Dass dieses Werden in unserer Welt nie vollständig abgeschlossen sein wird, liegt auf der Hand – und die Abwesenheit dieses Friedens lässt sich unschwer überall erkennen. Im Zustand ganzer Gesellschaften, im Zustand von Nationen, aber auch im Zustand von unserem eigenen Leben und dem Zustand unseres Herzens. Umso mehr drängt es mich, dem Schalom als direkter Auswirkung von Gottes Reich Raum zu geben.

Der holländischer Theologe Johannes Christiaan Hoekendijk hat dazu unvergleichlich schöne und dichte Zeilen geschrieben: »Denn das Ziel der Evangelisation kann nichts Geringeres sein als die Erfüllung dessen, was Israel vom Messias erhofft hatte: die Aufrichtung des Schalom. Schalom ist viel mehr als persönliches Heil! Er ist Frieden, Integrität, Gemeinschaft, Harmonie und Gerechtigkeit. Der Reichtum dieses Begriffes wird deutlich aus Psalm 85,11f: ›... dass Güte und Treue einander begegnen, Gerechtigkeit und Friede sich küssen; dass Treue auf Erden wachse und Gerechtigkeit vom Himmel schaue.‹«[19]

Wenn man sich einmal die Brille des Schalom anzieht und damit die biblische Großwetterlage checkt, entdeckt man überall am Horizont die Spuren dieses Friedens. In der Prophetie auf die Geburt von Jesus hin wird er als »Fürst des Schalom« *Jesaja 9,6* bezeichnet, er wird selbst Schalom in Person sein *Micha 5,4* und diesen Schalom zu allen Völkern tragen – dabei wird seine Herrschaft von einem Meer bis zum anderen reichen und die ganze Erde umfassen. *Sacharja 9,10* Gott hat Gedanken des Schalom über uns Menschen, die mit Zukunft und Hoffnung verbunden sind. *Jeremia 29,11*

Jesus selbst macht dann den Unterschied, dass eben der Friede, den sein angebrochenes Reich mit sich bringt, eine andere Dimension hat als das, was wir menschlich in dieser Welt erzeugen können: »Schalom lasse ich euch, meinen Schalom gebe ich euch. Nicht gebe ich euch, wie die Welt gibt. Euer Herz erschrecke nicht und fürchte sich nicht.« *Johannes 14,27* Für Petrus ist das Gute an der Guten Nachricht die Tatsache, dass Gott durch Jesus Christus, der Herr ist über alles, Schalom verkündet hat. Und so landen wir wieder bei dem bereits erwähnten Auftrag, den wir als Christen ausfüllen dürfen, nämlich Botschafterinnen und Botschafter der Versöhnung *2. Korinther 5,20*, dieses Schalom, zu sein, an seiner Stelle und gemeinsam in die Welt zu rufen: »Jetzt ist die Zeit der Gnade, jetzt ist der Tag des Schalom!« *2. Korinther 6,2*

✝✝✝

Was für wunderschöne Zeilen. Was für ein großartiger Auftrag, der mich begeistert. Gott ist auf seiner Schalomatisierungs-Mission und wir sind eingeladen, daran teilzuhaben; als Friedensboten dieser Welt das Heil durch Christus anzubieten, sie aktiv zu »schalomatisieren«. Das ist möglich, weil Gott in Christus König geworden ist. Dazu der Theologe Eberhard Jüngel: »Weil Gott im Tode Jesu Christi für das Heil der Welt genug getan hat, können wir nicht genug für das Wohl der Welt tun.«[20]

Jesus hat nicht nur Menschen »in den Himmel« gebracht. Er hat den Himmel zu uns gebracht, indem er das real Sichtbare mit dem Unsichtbaren verzahnte und die existierende Trennung überwand.

Mir gefällt der Begriff »Schalomatisierung« außerordentlich gut. In der Schweiz haben wir eine gelbliche, salzähnliche Streuwürze, die nebst Ricola, dem Taschenmesser von Victorinox und Toblerone ein ähnliches Standing genießt. Zumindest national: das Aromat. Für etliche Schweizerinnen und Schweizer ist es unverzichtbarer Begleiter und verfeinert jede Mahlzeit. Diese Aromat-Fans bestreuen alle Gerichte mit Aromat, weil sie die Überzeugung haben, dass mit Aromat alles besser schmeckt. Genauso verhält es sich mit dem göttlichen Schalom. Wie die Gewürzbegeisterten alles aromatisieren, sollen Schalom-Begeisterte alles schalomatisieren. Die Idee ist, dass wir diesen göttlichen Schalom überall hineintragen und die Welt damit würzen, weil es das Beste ist, was ihr geschehen kann. Dass ihr Heil geschieht in Form von Frieden mit Gott, was in alle Richtungen Auswirkungen haben wird. Deshalb war der Auftrag an die ausgesendeten Jünger auch: »Wenn ihr in ein Haus eintretet, dann sagt: ›Friede sei mit euch!‹ Wenn seine Bewohner euch und eure Botschaft annehmen, so soll der Friede, den ihr bringt, in diesem Haus bleiben. Tun sie dies nicht, so wird der Friede sie wieder verlassen und zu euch zurückkehren.« *Matthäus 10,12-13*

Wir sind Trägerinnen und Träger der Gegenwart Gottes, des Schalom, und Gott fordert uns dazu auf, unsere Beziehungen zu schalomatisieren.

Ich selbst erlebe immer wieder im Alltag, wie schnell mir mein Friede abhandenkommt. Da reicht beim Autofahren nur schon ein Depp vor mir und ich würde den Kerl lieber »irgendwasisieren« als schalomatisieren. Deshalb ist es genau für Menschen wie mich so wichtig zu wissen, dass ich diesen Frieden nicht irgendwie fromm in mir drin und aus mir heraus selbst produzieren muss, sondern dass ich ihn mir immer wieder schenken lassen darf. Er ist das, was Gott in mich hineinlegt, in mir wachsen und ausbreiten lässt. »Dann wird der Frieden Gottes, der weit über alles Verstehen hinausreicht, über euren Gedanken wachen und euch in eurem Innersten bewahren – euch, die ihr mit Jesus Christus verbunden seid.« *Philipper 4,7**

Er ist die nicht versiegende Quelle des Friedens, und wenn du im Moment auf irgendeiner Beziehungsebene diesen Frieden benötigst, dann kannst du dich an »den Gott des Friedens« wenden: »Haltet euch bei allem, was ihr tut, an die Botschaft, die euch verkündet worden ist und die ihr angenommen habt; lebt so, wie ich es euch gesagt und vorgelebt habe. Dann wird der Gott des Friedens mit euch sein.« *Philipper 4,9** An der Seite dieses Gottes des Friedens kann ich mich anlehnen, mich in meinem Unvermögen immer wieder auf ihn werfen und mich aktiv entscheiden, zum Schalom in der Welt, oder zumindest in meiner eigenen kleinen Welt, beizutragen.

Ich beobachte vermehrt, dass es leider für viele Christen ein Herzenskampf geworden ist, durchs Leben zu gehen, ohne am Ende an der eigenen christlichen Community zu zerbrechen und den Glauben zu verlieren. Es ist nicht immer einfach, den Glauben bewahrend unterwegs zu sein, ohne dass das eigene Herz daran Schaden nimmt oder gar zerbricht. Es sind die kleinen großen Wunder, wenn man es schafft, in den Stürmen des Lebens und dem Unfrieden, den Mitmenschen an einen herantragen – oder den man oft auch selbst streut –, die Seele immer wieder von Gott befrieden zu lassen. Nicht bitter zu werden, nicht zurückzuschlagen, sich wieder zu versöhnen und immer wieder mutig vorwärtszutaumeln, fröhlich dem Vorbild von Christus folgend, ihm hinterher.

»Die Früchte, die vor Gott bestehen können, wachsen dort, wo Friedensstifter eine Saat des Friedens säen.«

*Jakobus 3,18**

Es ist meine tägliche Entscheidung, ob ich Friede oder Krieg säen möchte. Wenn mich jemand angefeindet hat, setze ich manchmal als erste Reaktion sehr klare und gerechtfertigte schriftliche Antworten auf. Nur, um sie nach dem Schreiben wieder zu löschen. Abgeschickt habe ich diese Erstreaktionen noch nie, aber aufgeräumt haben sie meine Seele immer mal wieder und mir wohlgetan. Ein Gespräch mit Jesus und ein Glas Wein mit Freunden haben das Ganze ordentlich abgerundet. Ich habe mich entschieden, mich nicht in verbale Gemetzel auf Social Media oder im Schriftverkehr einzulassen und, wenn es etwas zu klären gibt, immer wieder das Gespräch bei einem Kaffee (oder in meinem Fall als Nichtkaffeetrinker bei einer kalten Schokoladenmilch) zu suchen.

Es liegt eine geheimnisvolle Kraft darin, in bestimmten Situationen auf das vermeintliche Recht zu verzichten, recht zu haben und uns nicht selbst Gerechtigkeit zu verschaffen – auch wenn man in manchen Situationen natürlich definitiv für etwas aufstehen und die Stimme erheben muss. Am Ende ernten wir, was wir säen. Und mittel- und langfristig werden wir die Früchte von unserer Aussaat ernten können.

Von einem Friedenswald in südamerikanischer Regenwald-Dimension, der rund um meinen Lebensweg daraus entwachsen ist, kann ich nicht erzählen. Aber definitiv sehe ich beim Zurückblicken ein paar Bäumchen des Friedens meinen Wegesrand säumen. Oder zumindest ein paar Friedensblumen. Vielleicht sind es auch nur ein paar Friedensgrashalme. Aber immerhin. Und in ein paar Jahren wird man sich hinter mir durch den zugewucherten Friedenshain den Weg nur noch mit einer Machete freischlagen können.

Mutig vorwärts.

Dem König hinterher.

- KÖNNEN
+ SINGEN
= WERDEN

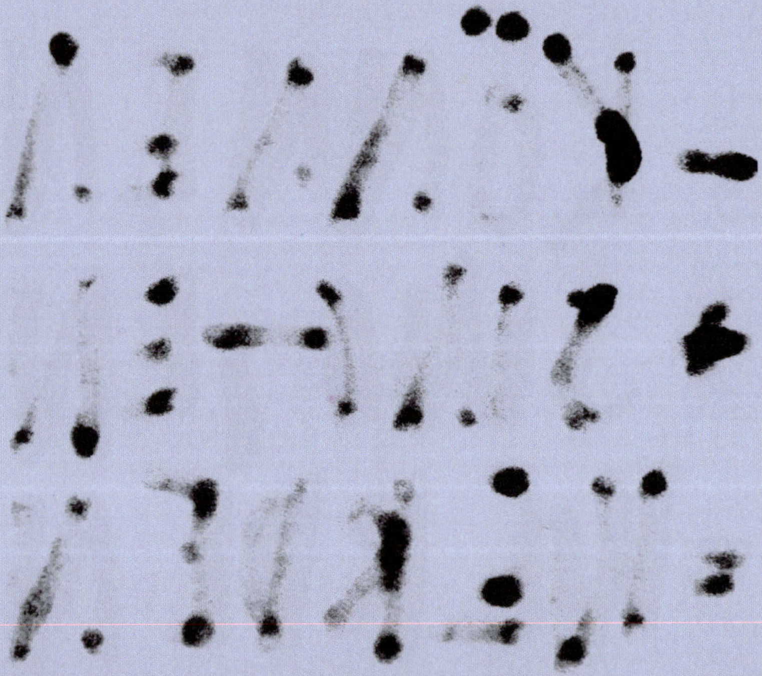

>> Wir sehnen uns nach Frieden, nach Schalom. Auf dem Weg dorthin dürfen wir Neues lernen, manches dürfen wir aber auch verlernen. Angelehnt an den Dreiklang des Gesamtkonzepts von KREUZWEISE bist du eingeladen, die Gedankensammlung zu jedem dieser drei Punkte zu ergänzen. Sie sollen dich inspirieren, Schalom einzuüben. Das abschließende Gebet dient als Vorlage für dein Gebet im Dreiklang von Singen (Lobpreis), Streichen/Können (Umkehr) und Werden (Bitten). Ergänze es gerne mit deinen eigenen Worten.

VON
HANNA
LÖFFLER

~~KÖNNEN~~ – SINGEN – WERDEN
EINE GEDANKENSAMMLUNG ZUM ERGÄNZEN

-~~KÖNNEN~~
Eine Liste zum Streichen

Recht haben wollen
Sicherheit über Vertrauen stellen
Bitterkeit
Aus Verletzung heraus reagieren
Misstrauen
Hoffnungslosigkeit
Mich durchsetzen wollen
Unbarmherzig sein
Gleichgültigkeit
Abgelenkt sein

+SINGEN
Eine Liste zum Staunen

Gott versöhnt und macht Versöhnung möglich
Gott ist größer als ich
Gott ist König und regiert
Gott lädt mich ein, Teil seiner Geschichte
mit den Menschen zu werden
Reich Gottes funktioniert so anders als unsere Welt
Gott wurde Mensch, wurde wie wir, kommt mir nah
Gott heilt, verbindet, befreit
Gott schenkt Frieden über mein Verstehen hinaus

=WERDEN
Eine Liste zum Einüben

Staunen über mir Verborgenes
Fragen, um zu verstehen
Gnädiger mit mir und meinen Mitmenschen sein
Suchen, um zu finden
Gefunden werden
Am Kreuz weise werden
Großzügig vertrauen
Friedensbotschafterin werden
Versöhnt sein

GOTT, ICH MÖCHTE über dich staunen.
Du bist König. Du bist Schöpfer. Du bist Frieden.
Du bist …
Du bist und bleibst mir Geheimnis und dennoch
will ich mich von dir begeistern lassen.

GOTT, ICH MÖCHTE schlechte Gedanken
und Verhaltensweisen streichen.
Ich bin oft ängstlich, engstirnig
und rechthaberisch.
Ich bin …
Meine Gedanken und mein Handeln entspringen
einem misstrauischen und ängstlichen Herzen.
Ich möchte Vertrauen üben.

GOTT, ICH MÖCHTE mich von dir verändern
lassen und dir ähnlicher werden.
Durch dich bin ich versöhnt,
angenommen, in Sicherheit.
Durch dich bin ich …
Ich möchte hoffnungsvoll werden, indem
ich meinen Blick auf das Kreuz richte.

AMEN

FÜR DIE GANZE WELT

Weise des Friedens

Weise online anhören und ansehen

Für die ganze Welt
(Weise des Friedens)

Von Tobias Hundt und Jonathan Schmidt

Es kommt der Tag, an dem sich Gnade und Wahrheit begegnen
An dem sich Recht und Friede endlich küssen werden
Treue so hoch wie Bäume aus dem Boden sprießt
Und Gerechtigkeit aus dem Himmel auf uns alle sieht

Friede für die ganze Welt
Hat schon begonnen und wird noch werden
Alles wird wiederhergestellt
Hey, hey, das ist Shalom auf Erden!

Es kommt der Tag, an dem wir mit Freude ernten werden
Was wir einst mit großem Schmerz und unter Weinen säten
Dann gibts keine Tränen mehr, denn das Tränenmeer wird trockengelegt
Dann blüht die Wüste und tote Bäche werden wieder mit Wasser belebt

Oh Friede füllt die Erde
Vom Meer über die Berge
Keine Schmerz, keine Leere
Keine Tränen, keine Schwere
Oh Friede füllt die Erde
Vom Meer über die Berge
Kein Hass, keine Scherben
Was nicht heil ist, wird es werden

Eines Tages wird Friede wirklich wahr
Doch ich weiß schon jetzt, ich weiß schon jetzt
Friede ist jetzt schon nah!

FRIEDE FÜR DIE GANZE WELT

>> Die Welt mag noch so dunkel oder von Willkür und Machtmenschen unterdrückt sein. Es wird regiert. Ganz von oben. Vom Himmel her! Was 1. Chronik festhält, selbst ein Pilatus anerkennt und 1968 Karl Barth friedlich einschlafen lässt, hat uns bewogen zu singen. Und wie! Zukunftsgerichtet, hoffnungsvoll und fröhlich.

ALLES WIRD WIEDER-HERGESTELLT!

JA

6

MARIA VON NAZARET – GROSSZÜGIG GLAUBEN

Wenn wir uns auf das Kreuzgeschehen fokussieren, dann fällt auf, dass es da eine mariasche Ballung gegeben hat. Neben Maria von Magdala findet sich vor Ort auch eine Maria, wohl die Frau des Kleopas. Und dann die Maria – die Mutter von Jesus. Eine Frau, die je nach kirchlichem Hintergrund durch Omnipräsenz glänzt oder aber aufgrund kühler Reserviertheit ihr gegenüber mit Nichtbeachtung abgestraft wird und über weite Strecken unter dem Radar fliegt, ausgelöst unter anderem durch den Verdacht vor Überhöhung ihrer Person. Egal, welchen Stellenwert man ihr zuhält und wie »reformatorisch« man sich dabei einordnet – man kann ihren Einfluss auf das Leben von Jesus wohl kaum genügend hoch einschätzen.

Maria ist eine Frau, die ich mit Glaubensmut, vertrauender Hingabe und demütiger Stärke in Verbindung bringe. Eine selbstbewusste, eigenständige Frau, die sich selbst vor abenteuerlichen Reisen nicht scheut und sich mit beeindruckender Überzeugung und mit einer unnachahmlichen, bescheidenen Selbsthingabe für den Glauben entscheidet.

Ihr Leben ist definitiv nicht einfach. Als Teenagerin, vielleicht eben 12- bis 15-jährig, wird sie schwanger mit einem Kind, das nicht von Josef ist, und sie muss mit der Geschichte einer Engelserscheinung im Rücken durchs Leben kutschieren, die wohl im nahen Umfeld kaum verständnisvolles Nicken hervorgerufen hat. Mit der eben erst gestarteten Familie muss sie dann vor dem Kinder mordenden Herodes ins Ausland, nach Ägypten, fliehen, wo sie rund zwei Jahre als Flüchtlinge leben, um dann nach Herodes' Tod erwartungsvoll wieder in die Heimat Nazaret zurückzukehren. Irgendwann wird sie wohl noch jung zur Witwe, weil Josef möglicherweise früh stirbt. Jedenfalls fadet er aus den biblischen Erzählungen ziemlich bald schon aus.

Ich kann mir die Spannung und Irritation nicht ausmalen, wie es ist, ein Kind großzuziehen und heranwachsen zu sehen, das ganz Mensch und doch auch ganz Gott sein soll. Irritationen sind vorprogrammiert. Wenn das bei uns schon der Fall ist, wie viel mehr noch bei der eigenen Mutter, die den heranwachsenden Jesus hautnah erlebt. Und doch taucht Maria im innersten Kreis der Nachfolgerinnen und Nachfolger von Jesus auf. Sie hat dieses beeindruckende Gespür, wozu ihr Sohn fähig ist.

Als bei einer Hochzeit in Kana der Wein *Johannes 2,1-12* auszugehen droht, was eine große Scham und Schande für die gastgebende Familie gewesen wäre, wendet sie sich an Jesus. Bis dato ist noch von keinem einzigen Wunder von Jesus berichtet worden, aber Maria scheint zu wissen, dass Jesus so eine Situation lösen kann. Vielleicht hat er ja zu Hause auch schon mal am Morgen in versuchter Heimlichkeit – aber von Maria bemerkt, weil das Mütter immer merken – seinen koscheren Dattelsaft in Schokomilch verwandelt? Oder das Müsli testweise in der Mitte zweigeteilt? Jedenfalls ahnt oder weiß Maria gar, dass Jesus diese Hochzeits-Situation irgendwie lösen kann. Der macht aber unmissverständlich klar, dass »seine Zeit noch nicht gekommen ist«. Erstaunlicherweise sagt Maria dann zu den Bediensteten: »Was er euch sagt, das tut!« Obwohl Jesus Nein gesagt hat, weiß Maria haargenau, dass er doch helfend eingreifen wird. Ich kann das nur dem mütterlichen Instinkt zuordnen – und der Tatsache, dass nicht einfach irgendwer, sondern seine Mama ihn gefragt hat. Sie kennt ihn seit seinem ersten Atemzug. Und sie hat nicht nur den menschlichen Sohn Jesus, sondern auch den göttlichen Christus in ihm erkannt.

Obwohl sie sich selbst als gering und unbedeutend anschaut *Lukas 1,48*, hat ihr Leben eine Strahlkraft erreicht, die bis heute ungebrochen bleibt und unzählige Menschen in unterschiedlichsten Kulturen und Religionen inspiriert. Das beschränkt sich überraschenderweise nicht nur aufs Christentum – wo sie in manchen Kreisen ein unverdientes Schattendasein fristet. Im Koran ist Maria (Maryam) die einzige namentlich erwähnte Frau. Sie taucht auch im Hinduismus der Tamilen auf und wird selbst im haitianischen Voodoo in der Form der *Loa Erzulie* verehrt, wo das von einem Schwert durchbohrte Herz eine symbolische Parallelität zur christlichen Ikonografie für die Schmerzen von Maria aufweist.

Bestimmt hat eine kultische Überfrachtung von Maria gerade bei evangelischen Christen zu einer verständlichen, aber wohl oft auch übersteuerten Abwehrhaltung geführt. Gerne möchte ich deshalb nahelegen, den eigenen Bezug zu Maria zu durchleuchten. Und dann mal mit Jesus ins Gespräch zu kommen, was für ein Problem man mit seiner Mutter hat. Bei vielen katholischen Christinnen und Christen habe ich erlebt, wie ihr Zugang zu Maria ihre Liebe zu Jesus vertieft hat, weil alles an Maria sie auf Jesus selbst hinweist. Maria wurde bei ihnen nicht zum Sehnsuchtsort oder zum Ort der Erfüllung ihrer Wünsche, sondern Jesus selbst, auf den alles an ihr und ihrem Leben hinweist.

Was genau löst diese Strahlkraft dieser Frau, über die wir nicht sehr viel wissen, eigentlich aus?

†††

Maria stammt aus Nazaret in Galiläa, wo sie mit Josef und der Familie gelebt hatte. Ihr Leben war von Anfang an von Schwierigkeiten durchdrungen. Aufgewachsen ist sie möglicherweise als Halbwaise. Zu dieser Annahme kommt man, wenn man die Gesetzeslage damals bedenkt: Als hochschwangere Frau hätte sie die Volkszählung auch in ihrem Wohnort, in Marias Fall Nazaret, erledigen können. Außer: Sie hätte Land in Bethlehem gehabt. Das war aber Frauen in der patriarchalen Gesellschaft nur als Erbtochter möglich, sprich wenn der Vater verstorben war und sie keinen Bruder hatte, der erben konnte. *4. Mose 27,8* In dieser Situation wurde der Ehemann rechtlicher Sohn des verstorbenen Schwiegervaters und hatte so offiziell zwei Väter. *Nehemia 7,63* Das erklärt auch die zwei Stammbäume von Jesus *Matthäus 1,1-17 | Lukas 3,23-38*, die je einen anderen Vater von Josef nennen. Marias Leben war somit wohl von Anfang an von Herausforderungen überschattet, was vielleicht eine Grundlage für die Paarung von Stärke und Demut war, die mich an ihr beeindruckt.

Sie hat eine weichenstellende und einschneidende Begegnung mit einem Engel, der Gabriel heißt und der sie mit den bekannt gewordenen Worten begrüßt: »Sei gegrüßt, du Begnadete! Der Herr ist mit dir!« Um dann auf ihre erste erschrockene Reaktion weiterzufahren mit: »Fürchte dich nicht, Maria! Du hast Gnade bei Gott gefunden. Siehe, du wirst schwanger werden und einen Sohn gebären, dem sollst du den Namen Jesus geben. Der wird groß sein und Sohn des Höchsten genannt werden; und Gott der Herr wird ihm den Thron seines Vaters David geben, und er wird König sein über das Haus Jakob in Ewigkeit, und sein Reich wird kein Ende haben.« *Lukas 1,28-33*

Auch bei dieser eindrücklichen Ansage taucht die Realität »Christus ist König« auf und die damit verbundene Verwirklichung seines von göttlichen Charakteristiken getränkten Reiches. Es birgt die Großerzählung des christlichen Glaubens, wie sie selbst uns heute noch in vielen Punkten geheimnisvoll und mystisch ist und bleibt. Maria kann unmöglich all das verstanden und in der geballten Tragweite der Aussage ergriffen haben. Trotzdem ist ihre Antwort auf diese Auserwählung und die epische Ansage, dass sie den Sohn Gottes zur Welt bringen wird, von bestechender Schlichtheit: »Siehe, ich bin des Herrn Magd; mir geschehe, wie du gesagt hast.« *Lukas 1,38*

Mir gefällt die Tatsache, dass ein paar der »großen« Männer in der Bibel einknicken, als Gott mit einer Berufung aufwartet. Mose versucht es mit fünf Ausreden – die letzte ist dann argumentativ von beeindruckender Inhaltslosigkeit: »Nimm einen anderen!« *2. Mose 4,13* Jeremia versteckt sich hinter seiner eigenen gefühlten Unfähigkeit und seinem Alter. *Jeremia 1,6* Auch Jona sucht verzweifelt nach einem Schiff, das ihn weit wegträgt von der Bestimmung Gottes. *Jona 1,3* Gideon macht einen auf Minderwert, jammert rum und will dann ein Zeichen nach dem anderen. *Richter 6,13-14* Und selbst der impulsive Petrus ruft zwar vollmundig: »Und wenn alle sich von dir abwenden – ich niemals!« *Matthäus 26,33**, schlägt einmal übermotiviert mit dem Schwert zu, um im Hof dann aber im entscheidenden Moment einzuknicken, als es darum geht, für seinen Freund Jesus einzustehen. *Matthäus 26,69* Bei Maria klingt das ganz anders, unterstrichen durch ihre Bescheidenheit gepaart mit vorwärtsgerichteter, vertrauender Glaubenskraft. Und es schwingt für mich eine bestechende Stärke mit, in ihrem: »Hier bin ich. Gebrauche mich.«

Es war kein Ja zu »Ich bring mal rasch den Müll raus« oder »Ich helfe dir am Samstag beim Umzug«. Es war ein Ja zu einer ungewissen Zukunft. Kein Ja zu offensichtlichem Applaus, sondern zum Geächtetsein – was die Folge davon war, als unverheiratete Frau schwanger zu werden, in einer Gesellschaft, die das nicht goutiert. Es war auch kein: »Ja, ich habe den göttlichen Plan bis zum letzten Jota gedanklich durchstiegen und verstanden.« Es war die Bereitschaft zu einem undurchsichtigen Task, von dem sie nicht mal annähernd erahnen konnte, was das wirklich bedeuten würde. Sie konnte nicht auf eine mehrjährige theologische Ausbildung wie Saulus zurückblicken, hatte nicht denselben Blick auf die Weltgeschichte und das erlösende Kreuzgeschehen, wie wir es heute haben, und auch ihre eigene Jüngerschaftsausbildung gemeinsam mit all den anderen Jüngerinnen und Jüngern von Jesus begann erst drei Jahrzehnte später.

Mich ermutigt an Marias Geschichte sehr, dass wir an bestimmten Abzweigungen unseres Lebens nicht immer das gesamte Bild haben müssen, oft gar nicht haben können – aber dass wir ihm trotzdem im Vertrauen folgen können, da, wo wir ihn wahrnehmen oder manchmal vielleicht auch nur schemenhaft vermuten. Maria vertraute ihm und mit dieser Herzenshaltung möchte ich auch unterwegs sein.

Marias Ja war ein Ja zu Gott. Ein Ja, nicht nur in der ersten Reihe zu stehen, wenn es darum ging, eindrückliche Momente wie die Ausgießung des Heiligen Geistes an Pfingsten mitzuerleben, sondern auch dann, wenn der eigene Sohn sterbend am Kreuz hängt. Maria war immer dabei. Unaufgeregt. Kraftvoll. Ich erkenne bei Maria die Dinge, die für mich persönlich den Glauben ausmachen. Es hat mit Hingabe zu tun, Vertrauen auf Gott und in Christus – selbst wenn dieses Vertrauen bei mir vielleicht manchmal eher kläglich und zweifelnd daherkommt. Und Maria hatte ein gesundes Maß an Demut. Ihre persönliche Hinwendung zu Christus hat wohl immer wieder aufs Neue stattgefunden. Der Startschuss mit dem Engel war glaubensvoll und diese Hingabe prägte ihr Leben.

+++

Es werden uns auch einzelne Herausforderungen erzählt, die Maria in ihrem persönlichen Glauben an den eigenen Sohn durchlebte. Wir wissen nicht, ob sie auch zu den »Angehörigen« gehörte, die bei dem Verhalten von Jesus manchmal das Gefühl bekamen, er hätte den Verstand verloren. *Markus 3,21* Sicher aber hat sie ihn nicht immer verstanden und sein Reden und Tun hat auch bei ihr Irritationen ausgelöst. Und bestimmt war es nicht einfach als Mutter, die Überblendungen vom Mensch Jesus und dem Messias Jesus stets zu verhindern und mit ungetrübtem Blick auf Letzteren zu sehen. Das ist schon für »normale« Eltern eine Herausforderung, diese Prozesse klar zu gestalten, in denen die eigenen Kinder plötzlich erwachsen und selbstständig werden. Dinge besser können, besser wissen – während man doch über so viele Jahre in sie investiert hat und sie ohne Hilfe damals nicht mal überlebensfähig gewesen sind. Diese Prozesse können immer wieder zu Irritationen führen. Sicherlich auch bei der Mutter von Jesus.

Als Josef und Maria bei der Rückreise aus Jerusalem den zwölfjährigen Jesus verlieren und erst nach drei Tagen im Tempel wiederfinden, sind sie überhaupt nicht amused über sein Verhalten. Und sie verstehen seine Erklärung nicht, warum er im »Hause seines Vaters« sein sollte. *Lukas 2,50* Schön ist aber zu sehen, wie Maria mit diesem Nichtverstehen umgegangen ist: »Und seine Mutter behielt alle diese Worte in ihrem Herzen.« Das schien ein Lebensprinzip von ihr zu sein. Dasselbe heißt es nämlich bei der Geburt von Jesus, als die Hirten kamen und ihr erzählten, was sie auf dem Feld erlebt hatten. Wie bereits erwähnt, hatten sie dieses »Ehre sei Gott in der Höhe und Friede auf Erden bei den Menschen seines Wohlgefallens« *Lukas 2,14* vernommen. Die Engelsbotschaft beschreibt einen Frieden, den Schalom, der untrennbar an das Reich Gottes getackert ist, das durch das Königtum von Christus angebrochen ist – so, wie es Maria schon bei der Geburt durch den Engel Gabriel vorausgesagt worden ist. Dinge, die man je nach Auslegungsart bis heute missverstehen kann – aber die auf meinen Seelensaiten wunderbare Resonanzschwingungen erzeugen.

Auch Maria kann diese von den Hirten übermittelten Sätze aus ihrer Perspektive in diesem Stall noch nicht in ihrer brachialen Wucht und der Fülle ihrer Dimension verstanden haben. Aber auch hier heißt es wieder: »Maria aber behielt alle diese Worte und bewegte sie in ihrem Herzen.« *Lukas 2,19* Es war nicht ein unbedachtes und unreflektiert euphorisches »Come on!«, das sie von sich gab. Genauso wenig ein überkritisches und Wahrheit sezierendes »Mal schauen, was daran wohl stimmen mag!«. Ganz unaufgeregt legte sie das Gehörte zu der Sammlung ihrer Schätze im eigenen Herz.

Nicht das Verstehen ist letztlich die Grundlage für Glauben, sondern die Bereitschaft, sich auf Gott einzulassen. Seinem Charakter, seinem Wesen zu vertrauen. Unser Glaube ist Gott sei Dank nicht abhängig von unserer theologischen Versiertheit, nicht von unserem Ausbildungsgrad oder unserem gesellschaftlichen Stand – ob Hirten auf dem Feld oder Weise aus dem Morgenland, ob intellektgesteuerter Nikodemus, impulsgesteuerter Petrus oder auch zweifelnder Thomas – wir alle sehen uns, wenn es um Christus geht, derselben Herausforderung gegenüber: uns vertrauend in Gottes Hände fallen zu lassen. Und dann bleibt uns nur das Hoffen. Aber nicht eine dünne Hoffnung und kein klägliches »nur«, sondern Hoffnung in Form von »Leidenschaft für das Mögliche«, wie es der Theologe Sören Kierkegaard genannt hat. Oder um mich den Worten des Philosophen Gabriel Marcel zu bedienen:

»Hoffnung ist eine schöne Erinnerung an die Zukunft.«

Es ist die tiefe Gewissheit, dass er dieses Vertrauen nicht enttäuscht.

Unser Leben ist eine Aneinanderreihung von Momenten, in denen unser innerer Glaubensraum lichtdurchflutet leuchtet, und anderen Momenten, in denen wir in einer Dunkelkammer sitzen, Hilfe suchend die Wände abtastend, um einen Fensterladen zum Aufstoßen zu finden. Lechzend nach jeder noch so kleinen Ritze, die ein paar Tropfen Licht durchdringen lässt. Bestimmt hat auch Maria das durchgespielt – irritiert über einzelne Aussagen ihres Sohnes, verständnislos über sein Verhalten in manchen Situationen. Die dunkelsten

Momente waren für sie dann diejenigen rund ums Kreuz. Hoffnung auf eine große und überraschende Wende, die nun endgültig wegbricht. Und vielleicht doch noch irgendwo in ihrem Herzen ein Glaubensraum, der einen unerklärlichen Hoffnungsfunken konservieren konnte. Eine unerträgliche Vorstellung, dieser Glaubenszerriss gepaart mit dem mütterlichen Schmerz, dem eigenen Sohn beim Sterben zusehen zu müssen.

Doch genau an diesem Tiefpunkt kommt Maria zugute, dass sie immer wieder Dinge in ihrem Herzen aufbewahrt hat. Als sie frühmorgens nach der Kreuzigung mit anderen Frauen mit wohlriechenden Salben zum Grab von Jesus geht, findet sie das Grab leer vor. Ratlos und verwundert stehen sie da, als ihnen zwei Engel begegnen. Es ist der Moment, von dem es heißt: »Da erinnerten sich die Frauen an diese Worte von Jesus.«

Es war wohl der Moment, in dem zum ersten Mal so vieles von dem, was an Jesus unverständlich war, Sinn bekommen hat. Als wäre nach einer nicht enden wollenden Nacht, in der Wolken die Sterne und den Mond verhüllten, der Morgen angebrochen und die Sonne kündigt sich triumphierend mit den ersten Strahlen an. Als wäre das Kreuz zur Dekodierscheibe geworden, um eine kryptisch anmutende Botschaft zu entziffern. Und nun konnte Maria sie zum ersten Mal lesen. Die gesammelten und bewahrten Erinnerungen aus ihrem Herzen halfen ihr dabei.

✝✝✝

Ich kann von Maria lernen, dass ich – egal, wie sehr ich danach strebe – nicht alles einordnen kann, was in meinem Leben geschieht, nicht alles an Gott verstehen kann. Viel mehr noch: es nicht muss. Meine Erkenntnis ist und bleibt Stückwerk, wie es schon Paulus festhält: »Wir sehen jetzt durch einen Spiegel in einem dunklen Bild; dann aber von Angesicht zu Angesicht. Jetzt erkenne ich stückweise; dann aber werde ich erkennen, gleichwie ich erkannt bin.« *1. Korinther 13,12* Ich mag diese weise Zurückhaltung von Paulus (für die er sicherlich nicht übermäßig bekannt ist) und die Hinführung, dass die Grundlage nicht ist, dass ich Gott erkannt hätte, sondern dass er mich erkannt hat. Dass ich von ihm ergriffen, berührt und verwandelt bin. Dass ich aus meiner Identität in ihm heraus glaubend und ihm entgegenwachsend immer wieder neu entdecken darf, wie und wer er ist.

»Die Erkenntnis bläht auf; aber die Liebe baut auf. Wenn jemand meint, er habe etwas erkannt, der hat noch nicht erkannt, wie man erkennen soll. Wenn aber jemand Gott liebt, der ist von ihm erkannt« *1. Korinther 8,1-3*, hat Paulus in demselben Brief noch angemerkt und dabei die Erkenntnis der Liebe gegenübergestellt. Hier bei Differenzen die richtigen Prioritäten zu wahren und mit gesunder Zurückhaltung und demütig meine Erkenntnis nicht zu absolutieren, sondern sie als das zu labeln, was sie ist, nämlich schlicht »meine Erkenntnis«, würde oft den Raum für echte Begegnung öffnen.

Trotz meines Stückwerk-Glaubens kann ich mich diesem Gott ganz hingeben, mich auf ihn einlassen.

> *Zweifelnd glaubend. Hoffend ringend. Manchmal im Dunkeln sitzend, manchmal den Lichtstrahl genießend.*

Immer aber die guten Worte und Dinge im Herzen sammelnd als Schätze, ohne dabei alles bis auf den tiefsten Grund verstanden haben zu müssen. Vieles mag sich durch die Erfahrungen und die Reise durchs Leben dann unerwartet erhellen. All die anderen Dinge werde ich dann direkt mit ihm besprechen, wenn wir uns irgendwann gegenüberstehen.

Augenscheinlich ist bei Maria eine solche demütige Herzenshaltung. Demut kommt vom althochdeutschen diomuoti, was sich in die zwei Wörter »dienen« *(dionōn)* und »Mut« *(muot)* aufbrechen lässt. Es ist dieses mutige Dienen, diese demütige Haltung, die uns nicht »übermütig« werden lässt. Die uns hilft, uns selbst nicht zu wichtig zu nehmen, und uns die Möglichkeit gibt, anzuerkennen, dass es etwas Größeres und Höheres außerhalb von uns gibt. Dabei geht es weder darum, uns schlechtzureden, noch klein von uns zu denken, sondern vielmehr um eine gesunde, realistische Selbstwahrnehmung und ein Zugestehen in Gottes Richtung, dass er größer ist als wir.

Und damit landen wir bei einer Eigenschaft, die uns als Gesellschaft in der heutigen Zeit über alle Maße nicht nur gut anstehen, sondern auch guttun würde. Und die gefühlt seltener anzutreffen ist als ein weißer Tiger in den Sundarbans, den Mangrovenwäldern von Indien und Bangladesch: Demut.

+++

Wir Menschen diskutieren und diffamieren, wir plagiieren und bombardieren, wir beleidigen und streiten – aber anstatt gesund miteinander zu streiten und vorwärtszuringen, schießen wir oft mit ausgefahrenen Scheuklappen gegeneinander. Nicht um an der Meinung des Gegenübers zu wachsen, sondern um die eigene zu verteidigen. Immer wieder in neuen Wellen versuchen Einzelne Gott weiter zu fassen, während die anderen versuchen, das Wahre zu bewahren. Beides definitiv berechtigte Bedürfnisse und nicht selten demselben treibenden Kern entsprungen: sehnsüchtig an Gott glauben zu können. Bei all den gegenseitigen Abgrenzungen verliert so manch einer die Contenance und gleichzeitig den demütigen Blick auf die Möglichkeit, selbst falschliegen zu können. Die Option der eigenen Fehlbarkeit ist oft gleichermaßen inexistent wie Klopapier in einigen Regalen in Zeiten von Covid.

Am stärksten kritisiert hat Jesus zu seiner Zeit die Pharisäer, die »Hochreligiösen« der damaligen Zeit. Mit aktivem Gottesdienstbesuch, mit einer gesunden Frömmigkeit, mit regelmäßigen Gebeten, mit einem aktiven Christsein gehöre ich, wie wohl viele, die dieses Buch nun in den Händen halten, da mit dazu. Wir sind überzeugt von unseren hermeneutischen Urteilen, von unserer Art, die Bibel zu verstehen, von der Strickart unserer Ethik, von unserem Bild, das wir uns über Gott angelegt haben. Und viel zu selten durchdringt der Lichtstrahl des Gedankens unsere harten Verteidigungsbarrikaden, dass wir in manchen Punkten vielleicht doch auch falschliegen könnten. Nur leidenschaftlich für Gott zu rennen, kann auch ganz viel Schaden anrichten – so hatte Saulus mit Überzeugung für Gott die damaligen Christen verfolgt, gefoltert und getötet. Wäre es möglich, dass sich seither nicht viel geändert hat und wir »Religiösen« immer wieder leidenschaftlich und wohlmeinend überzeugt auf solche saulschen Kreuzzüge gehen?

Ein überraschender Herzensweichmacher war für mich in dieser Hinsicht eine der Geschichten, die Jesus seinen Jüngern erzählte. Die mit dem Herrn, der seinen Dienern Talente verteilt, um dann auf eine ausgedehnte Auslandsreise zu gehen. *Matthäus 25,14-30* Dem einen gab er fünf Talente Silber, dem anderen zwei und dem letzten ein Talent. Während die ersten beiden ihre Beträge in der Abwesenheit des Herrns verdoppelten, vergrub der letzte sein anvertrautes Silber ängstlich. Als der Herr von seiner Reise zurückkam, wurden die ersten beiden gelobt und belohnt, während der letzte für seine Faulheit hart bestraft wurde. Ich habe in der Vergangenheit diesen Herrn unhinterfragt immer klar mit Jesus identifiziert. Mir war nicht bewusst, dass dabei mein weißer, kapitalistischer Wohlstandsschweizer- und Nordhalbkugelkontext ordentlich im Hintergrund mitgemischt haben könnte. So habe ich darüber gepredigt, dass Gott möchte, dass wir unsere »Talente« für ihn einsetzen und nicht verschwenden, und die Tatsache, dass der Herr in der Geschichte nicht sehr freundlich dargestellt wird, großzügig ignoriert.

Erst kürzlich wurde ich darauf aufmerksam, dass diese Geschichte – die ich jetzt als eine der harmlosen und nicht schwer verständlichen betrachtet hätte – in einem anderen Kontext, wie einer Arbeitergemeinde in El Salvador, komplett anders verstanden werden kann. Einerseits geht es beim Bibelverständnis um den kulturellen Kontext: was in El Salvador ein Misstrauen gegenüber den eigenen ungesunden Systemen im Land ist. Andererseits gibt es den biblischen Kontext: Herodes Antipas, der Sohn von Herodes dem Großen, wurde 20 v. Christus in Judäa geboren, verbrachte seine Jugend dann aber in Rom, im fernen Ausland. Als sein Vater starb, kam er vier Jahre vor Christus zurück und übernahm dessen Platz. Dabei ging er nicht wirklich zimperlich vor – auch die Köpfung von Johannes dem Täufer ging auf seine Kappe. Er war einer, der »erntet, wo er nicht gesät hatte«.

Für eine Arbeitergemeinde in El Salvador ist jedenfalls klar, dass dieser Herr, der streng ist und erntet, wo er nicht gesät hat, vor dem man Angst haben muss und der uns bei Versagen alles wegnimmt, niemals Jesus sein kann. Denn würde Jesus dem geben, der viel hat, und dem, der nur ganz wenig hat, auch noch das letzte Hemd rauben, wie sich der dritte Knecht gewiss war? Das klingt tatsächlich nicht nach Jesus. Entweder hat dieser eine

Knecht ein falsches Bild von seinem Herrn, wie wir wohl auch manchmal mit einem falschen Gottesbild leben. Oder aber, der Herr ist gar nicht das Äquivalent zu Jesus.

Die Frage aber, warum Jesus in dieser Geschichte bewusst ein falsches Gottesbild einbauen sollte, bleibt offen, weshalb die Interpretation dieser Stelle von den Christen aus El Salvador spannend ist: Sie sehen den Herrn als den Teufel selbst an – was sie zu dem Punkt trägt, dass man den korrupten Systemen nicht auch noch in die Tasche arbeiten soll. Als mir dieses Beispiel das erste Mal unterkam, war ich gleichermaßen erstaunt wie ernüchtert, dass man – nach bestem Wissen und Gewissen die Bibel lesend – selbst bei einer so harmlos anmutenden Bibelstelle zu diametral auseinanderliegenden Ergebnissen kommen kann. Und ob der Herr jetzt für Jesus steht oder für den Teufel, ist nicht einfach eine marginale Abweichung. Mich führt es dazu, nicht etwa verzweifelt die Bibel zur Seite zu legen, sondern mich ehrlich und umso intensiver mit ihr auseinanderzusetzen. Und mir einzugestehen, dass es Demut braucht. Dass die Wahrheit sehr oft nur im Miteinander erfasst werden kann, dass wir uns genau deswegen gegenseitig brauchen: als Frauen und Männer, als Junge und Alte, als Menschen aus verschiedenen Kulturen, unterschiedlichen Kirchen, mit unterschiedlichen Geschichten, Persönlichkeiten und Hintergründen.

+++

Die Bibel ist nicht einfach im luftleeren und beziehungslosen Raum greifbar und wir können dem eigenen Kontext nicht entfliehen. Was wir uns deshalb zulegen dürfen, ist eine Kultur des Zuhörens und der »hermeneutischen Demut«. Dies bedeutet nicht, dass ich alles relativieren muss, was ich glaube. Aber ich nehme dein Andersglauben nicht als einen Angriff auf meine Überzeugungen wahr. Und ich gebe Gott immer die Chance, mich zu korrigieren, habe im Hinterkopf die Option, dass nicht nur mein Gegenüber, sondern auch ich mal falschliegen könnte. Dabei nehme ich mich und meine Meinung nicht ganz so wichtig – etwas, was ich von meinem Opa gelernt habe. Ich habe ihn zeitlebens als bescheidenen Mann erlebt. Viele Worte hat er nie verloren, trotzdem war sein mir zugeneigtes Herz unverkennbar spürbar. Und die Krönung dieser Herzenshaltung hat mich an seiner Beerdigung zutiefst gerührt.

Er hatte am Ende seines Lebens einen Lebenslauf verfasst – und es dabei geschafft, 96 gelebte Jahre in nur 46 Wörtern und 10 Zahlwörtern abzubilden. Dies alles auf einem Zettel in A5-Format. Während ich meine, ganze Bücher schreiben zu müssen, um meine Gedanken festzuhalten, hat ihm dieser kleine Zettel gereicht. Die wichtigsten Dinge waren dabei so selbstverständlich, dass er gar nicht daran dachte, sie zu erwähnen – zum Beispiel, dass er über Jahrzehnte glücklich mit meiner Oma verheiratet gewesen ist, drei großartige Kinder großgezogen hat und ein paar wunderbar sympathische Enkelinnen und Enkel zu seiner Hinterlassenschaft zählen kann. Auch, dass er, seit er gläubig geworden war, treu und aktiv in der Heilsarmee mitwirkte, war selbstredend und schien ihm deshalb nicht erwähnenswert. Was er aber platziert hat, waren seine 36 Jahre bei der Feuerwehr, die seiner Treue und Stetigkeit Ausdruck gaben, und sein Wirken als Karosserie-Schlosser in der Autowerkstatt. Da stand nüchtern:

»Einbau von Hinterradfederungen und Anfertigen von Pflückleitern frei stehend«.

Und so wurde dies dann auch an der Beerdigung verlesen. Mir verschwamm die Sicht. Es strotzt vor Demut und einem spitzbübischen Augenzwinkern gegenüber dem Leben.

Nur schon der Fakt, die Worte »Hinterradfederungen« und »frei stehende Pflückleitern« in einem Lebenslauf platziert zu bekommen, lässt mich den Hut ziehen.

Da gibt es solche, die nehmen sich selbst und die eigene Meinung so überaus wichtig, verteidigen Überzeugungen mit Inbrunst, stülpen anderen die eigene Lehrmeinung über und machen ihnen dabei den Glauben madig oder sprechen ihnen diesen ganz ab. Würden wir doch nur ein bisschen demütiger an die Sache rangehen, ein bisschen mehr wie Opa sein. Die Welt braucht weniger geschärfte Schwerter und mehr frei stehende Pflückleitern, weniger gespannte Pfeilbögen und mehr Hinterradfederungen.

Die innere Haltung von meinem Opa möchte ich in meinem Herzen bewahren. Genauso wie die von Maria. Mich nicht unangebracht wichtig nehmen und meine Meinung nicht als unverrückbare Wahrheit verstehen – sondern als ein bruchstückhaftes Erkennen von dem, was ich maximal als Gottes Wahrheit auszumachen meine. Um nach ihr mit gesundem Selbstbewusstsein mein Leben auszurichten. Die Fähigkeit zur demütigen Großzügigkeit hat sicher auch mit dem eigenen Gottesbild zu tun – bei mir ist das ein Urvertrauen, dass Gott die Kontrolle über diese Welt nicht entglitten ist. Dass er das Auf und Ab einer Gesellschaft über die Jahrtausende aushält, dass sie ihn nicht ohnmächtig zurücklässt, dass er es ist, der die Welt rettet und erlöst, und nicht ich.

Für mich ist der Schlüssel für den Umgang mit Polarisierungsbewegungen nicht in einem noch detaillierten Abgleich der Bekenntnisse zu finden, wenn auch unbedingt theologische Gespräche geführt werden müssen. Anstatt einen scharf detaillierten Rahmen abzustecken, um zu definieren, wer jetzt alles noch drin und wer mit einem halben Fuß schon »raus« ist, ist es zielführender, den Kern im Fokus zu halten. Wir brauchen eine Kultur, in der wir uns mit demütigen Herzen um Christus sammeln. Mutig glaubend, ihm und seiner Mission folgend.

ICH BIN
~~NICHT SO~~
WICHTIG

NICHT SO ? WICHTIG ?
BIN ICH ? ICH BIN WICHTIG
~~NICHT SO~~

Manch eine Stimme mag die Frage aufwerfen: »Was aber, wenn es nicht derselbe Christus ist?« Tatsächlich aber sollten wir in dieser Beurteilung mit Marias vornehmer Zurückhaltung vorgehen. Denn sehr oft ist das, was wir für einen anderen Christus halten, nur meiner Perspektive aufs Kreuz geschuldet.

Es scheint mir nicht matchentscheidend, ob mein Gegenüber dieselben Worte benutzt, in allen Belangen zu einem deckungsgleichen Bibelverständnis gekommen ist, ähnliche Vorlieben für christliche Rituale und Liturgien hat oder dieselben Glaubenserfahrungen teilt. Ich versuche in der Begegnung immer wieder zu entdecken, wo ich Gott in meinem Gegenüber finden kann, ob derselbe Geist in uns lebt und ob ich da Reich-Gottes-Früchte ausmachen kann in ihrem oder seinem Leben. Dies im demütigen Wissen darum, dass wir auf denselben Christus blicken können, es aber von verschiedenen Seiten aus tun – und sich deshalb unsere Erfahrungen und theologischen Ansätze nicht kongruent übereinanderlegen lassen. Wenn wir uns diesem Kern des christlichen Glaubens nähern, können wir von verschiedenen Seiten kommend auf unserer Seite des »Kreuzeshügels« zu manchmal gegenteiligen Schlüssen in verschiedenen Themen kommen. Und trotzdem blicken wir auf ein und denselben Christus, wie schwer das für uns manchmal auch vorstellbar ist. Wir glauben nicht dasselbe, aber wir glauben an denselben. Und das, was uns verbindet, ist ungleich größer als das, was uns trennt.

✝✝✝

Die *Leuenberger Konkordie* von reformatorischen Kirchen hat diesbezüglich als Versuch zur Überwindung der Spaltung zwischen den lutherischen und den reformierten Kirchen eine hilfreiche Unterscheidung eingeführt: den »Grund des Glaubens« und den »Ausdruck des Glaubens«. Christus als gemeinsamer Grund des Glaubens, auf den wir uns berufen. Aber die Ausdrucksform, zu der wir aufgrund unserer Geschichte, unseres Kontextes, unseres Verständnisses und unserer Persönlichkeit finden, mag an vielen Stellen variieren. Trotzdem glauben wir einander unseren Glauben.

Eine »hermeneutische Demut« hilft uns dabei, mit der Bibel als Gottes Wort ernsthaft zu ringen und zu Resultaten zu kommen, die für uns maximal überzeugend sind, gleichzeitig aber Gott die Chance einzuräumen, uns in unserer Wahrnehmung immer korrigieren zu können. Dazu gefällt mir der Begriff *Generous Orthodoxy* sehr. Ich selbst muss mich mit meinen Überzeugungen nicht aufgeben, um das Miteinander um Christus zu suchen. Ich kann diese für mich entdeckten Überzeugungen und Wahrheiten, mein Gottesbild, in mir tragen, ohne es in der Begegnung mit anderen Menschen aufgeben zu müssen. Gleichzeitig aber kann ich meinen Mitmenschen gegenüber mit Großzügigkeit begegnen. Ich muss die Dinge, die ich glaube und lebe, niemandem verzweifelt oder gewaltsam überstülpen und muss damit auch niemanden bekämpfen, der bestimmte Punkte anders sieht, weil das mich und meinen Glauben bedroht.

Im besten Falle stellen sich meine Überzeugungen als wahr heraus und sind so überzeugend gelebt, dass sie beginnen, um sich zu greifen, Frucht zu bringen, und dann auch von anderen übernommen werden. Denn Wahrheit findet immer ans Licht, weil in ihrem Licht die Dinge selbst erst erhellt werden. Meine innere Orthodoxie ist deshalb nicht streitsüchtig, muss sich auch nicht verzweifelt verteidigen, sondern kann aus ihrer überzeugten Festigkeit immer neu großherzig auf andere zugehen. Immer weit, neugierig und unerschrocken. Und bei unterschiedlichen Meinungen muss ich nicht gleich die Zugbrücke hochziehen und in den Verteidigungskrieg übergehen, genauso wenig aber auch die Flaggenfarben auf meiner Burgzinne der anderen Meinung anpassen. Ich kann die Unterschiedlichkeit aushalten und muss in der Vielfalt nicht eine Bedrohung, sondern kann in ihr im besten Falle eine Bereicherung sehen.

Dabei empfinde ich es, wie C. S. Lewis es einmal bemerkt hat, als zentral, dass christlicher Glaube aus der Spannung besteht, in der Vergangenheit zu wurzeln und sich gleichzeitig auf die Gegenwart einzulassen. Der Apostel Paulus hat seine eigenen Überzeugungen auch immer mal wieder zurückgenommen, zum Beispiel um seiner Verpflichtung gegenüber dem Evangelium und seinem Auftrag gerecht zu werden – so schreibt er: »Den Juden bin ich wie ein Jude geworden, damit ich die Juden gewinne. Denen unter dem Gesetz bin ich wie einer unter dem Gesetz geworden – obwohl ich selbst nicht unter dem Gesetz bin –, damit ich die unter dem Gesetz gewinne. Denen ohne Gesetz bin ich wie einer ohne Gesetz geworden – obwohl ich doch nicht ohne Gesetz bin vor Gott, sondern bin im Gesetz vor Christus –, damit ich die ohne Gesetz gewinne. Den Schwachen bin ich ein Schwacher geworden, damit ich die Schwachen gewinne. Ich bin allen alles geworden, damit ich auf alle Weise etliche rette.« *1. Korinther 9,20-22*

Paulus löst die Spannung nicht in eine Richtung auf, wie das Gesetz jetzt verstanden werden muss, obwohl er definitiv eine klare Position vertritt. Gegen außen lebt er aber großzügig, verbindend und gewinnend, indem er die Spannungen so stehen lässt. Er lässt sich trotz eigener Meinung weder spalten noch polarisierend vereinnahmen und kann sich auf die Positionen von verschiedenen Lagern einlassen, weil er um seine Identität in Christus weiß. *Generous Orthodoxy* in Reinkultur.

Die zwei Worte balancieren sich aus. Wenn man zu einer klaren Orthodoxie neigt, kann das Wort Großzügigkeit nervös machen, weil man meint, es hätte mit einer Verwässerung des Evangeliums oder der Wahrheit zu tun. Hat man Tendenzen zur Großzügigkeit, kann das Wort Orthodoxie nervös machen, weil man es mit rigider und scharfer Glaubensdoktrin in Verbindung bringen kann. Gesund sind beide aber erst in einer dynamischen Spannung zueinander stehend und in der Abhängigkeit von Gottes Geist, der diese Balance immer wieder herstellt. Glaubensgroßzügigkeit ist vonnöten, um die von Christus gewünschte, umbetete und prophezeite Einheit untereinander immer wieder zu finden. Nicht der Einheit als Selbstzweck wegen, sondern vorwärts- und nach außen gerichtet, damit Christus sichtbar wird. *Johannes 17,21* Die Glaubensgroßzügigkeit gibt sich nicht auf, sie heißt nichts gut, was sie nicht gutheißen kann, aber sie ist Wahrheit, durchdrungen und getränkt von der Liebe und der Gnade Gottes.

+++

Im berühmten *Magnificat,* dem Lobgesang von Maria bei ihrer Begegnung mit Elisabeth, strömt Marias Herz vor Dankbarkeit und Anbetung über. Die ersten Zeilen davon lauten: »Von ganzem Herzen preise ich den Herrn, und mein Geist jubelt vor Freude über Gott, meinen Retter. Denn er hat mich, seine Dienerin, gnädig angesehen, eine geringe und unbedeutende Frau. Ja, man wird mich glücklich preisen – jetzt und in allen kommenden Generationen.« *Lukas 1,46-48**

Ich wünsche uns als eine dieser »kommenden Generationen« einen ungetrübten Blick auf Maria. Dass wir an ihr erkennen dürfen, dass auch unser Leben nicht immer ganz so wichtig und bedeutend ist, wie wir manchmal meinen. Dass es dank *ihm* aber Bedeutung erhält. Christus möge auch unser geringes und unbedeutendes Leben immer wieder wohltuend durchkreuzen und Gott möge uns dabei gnädig ansehen. Damit wir letztlich mit dieser demütigen, mutig dienenden Herzenshaltung immer wieder zu dieser Erkenntnis durchbrechen dürfen, die unseren Geist vor Freude über Gott jubilieren lässt.

Ich bin nicht so wichtig.

Ich bin wichtig.

SIE STAND
BEI DEM
KREUZ JESU

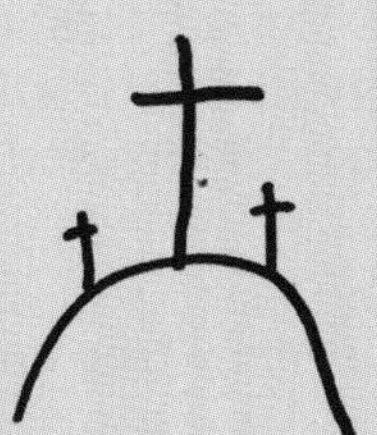

VON
TAMARA
BOPPART

GOTTGEBÄRERIN, DU BEGNADETE!
EIN LERNWEG IN SIEBEN STATIONEN

»Wie soll das zugehen?« | Lukas 1,34

Kein Ja und Amen zu deinem gottgegebenen Schicksal. Kein blinder Gehorsam. Du fragst nach und willst es genau wissen. Ich denke, du weißt, in welch missliche Lage dich das mit dem unehelichen Kind bringen könnte. Es hält dich nicht davon ab, selbstbestimmt zu entscheiden.

»Mir geschehe, wie du gesagt hast.« | Lukas 1,38

Dein Ja beeindruckt mich. Es ist Mut, Risiko und Abenteuer. Du gehst im Dunkeln los. Wann dir wohl klar wurde, worauf du dich da eingelassen hast? Ein Engel im Zimmer erschrickt dich. Vor völliger Hingabe aber hast du keine Angst. Davon bin ich weit entfernt.

»Mein Geist freut sich.« | Lukas 1,47

Wenn es tatsächlich so ist, wie du sagst: Wunderbar! Und wenn nicht, wenn ich mich gerade nicht freuen kann, schreibe ich mir deinen Satz auf mein Protestplakat. So soll es werden. Widerstand gegen meine Niedergeschlagenheit!

»Er stößt die Gewaltigen vom Thron und erhebt die Niedrigen.« | Lukas 1,52

Ich feier dein revolutionäres Lied und singe laut mit. Gott dreht alles um. Die Machtlosen bekommen ihren Anteil. Gebrochene lernen, aufrecht zu gehen. Was unten war, ist oben. Gleichberechtigte Teilhabe! Nicht im Zeichen geballter Fäuste, sondern durchbohrter Hände!

»All diese Worte bewahre ich in meinem Herzen.« | Lukas 2,19

Gute Strategie! Was einem versprochen ist, nicht loslassen. Die Hoffnung packen und in seinem Innern konservieren. Einmachgläser voll Zuversicht, stärkender Worte, Schönheit, Alltagsglück und bedeutsamer Erlebnisse.
Als Proviant für trockene Zeiten.

»Was er euch sagt, das tut!« | Johannes 2,5

Deinen Glauben hätte ich gerne! Es ist ja nicht so, dass du selbst schon gesehen hast, wozu dein Sohn alles fähig ist. Du bist vor dem Wunder überzeugt von seinen Fähigkeiten. Du vertraust ohne Beweis. Du Bodenständige rechnest mit dem Übernatürlichen.

Sie stand bei dem Kreuz Jesu. | Johannes 19,25

Wo sind nun all die Überzeugten, Großen und Lauten?
Du bleibst länger als fast alle anderen. Du gehst nicht, wenn's schwierig wird. Du bringst dein Herz nicht in Sicherheit, sondern stehst da und hörst, wie es bricht.
Du bist eine Mutter.

>> Ich will von Maria lernen. Und ich will sie neu sehen. Alles Unnötige, was ihre Stärke verdeckt, lasse ich weg. Marias Worte und ihr Handeln sollen auch in dir nachklingen. Was hörst du?

Mein Gott, auf den ich vertraue,
du bist mein Safe Space.

Nur darum bete ich:

All mein Haben und Sein –
du hast es mir gegeben.
Du kannst es wiederhaben.
Kannst mich haben.

MEIN VATER,
ICH ÜBERLASSE MICH DIR.
IN DEINE HÄNDE LEGE ICH
MEINEN GEIST.

Ich lass mich ein.
Lasse dich ein.

AMEN

HIMMEL IN MIR

Weise der Freude

Weise online
anhören und
ansehen

Himmel in mir
(Weise der Freude)

Von Julia Buch, Daniela Hogger und Jonathan Schmidt

Wenn ich am Morgen aufsteh
Ist sie schon lange da
Und wenn ich zu Bett geh
Bleibt sie doch immer wach
Die Treue Gottes
Sie fand mich einst und blieb bei mir
Bin unverdient beschenkt
Wie könnt ich da nicht singen?

Mein Herz es jubelt laut
Und ich lass die Freude raus
Meine Seele singt
Ich hab den Himmel in mir
Jeder soll erfahren
Du hast Großes an mir getan
Meine Seele lacht
Hast mir den Himmel gebracht

Selbst wenn ich mich beeile
Lauf ich niemals allein
Gutes und Freundlichkeit
Holn mich immer wieder ein
Wo ich auch bin
Und wohin ich geh sie folgen mir
Ich kann nur staunen
Wie hab ich das verdient?

MEIN HERZ
ES JUBELT LAUT
UND ICH LACH
DIE FREUDE

>> *Freude kann tief im Innern empfunden werden. Als Glückseligkeit. Oder sie kann nach außen getragen werden. Sichtbar und hörbar. Wir haben uns von der lebhaften Begegnung der beiden Freundinnen und Verwandten Elisabeth und Maria in Lukas 1 anstecken lassen, die ihren treuen und solidarischen Gott preisen. Daraus ist ein expressives, fröhliches »Magnificat« entstanden.*

FREI

MEINE SEELE
SINGT LAUT
ICH HAB DEN
HIMMEL IN MIR

UND VIELE MEHR – *BRENNEND* ZWEIFELND

Rund ums Kreuzgeschehen tauchen viele weitere Personen auf, die nicht verschwiegen werden dürfen, weil auch sie von Christus und dem Sog seiner Glaubensbewegung in irgendeiner Art und Weise erfasst worden sind.

Josef von Arimathäa, ein reicher Jude beispielsweise, der nur ein heimlicher Nachfolger von Christus gewesen ist, weil er sich vor den Konsequenzen gefürchtet hatte, wenn das öffentlich geworden wäre. *Johannes 19,38* Josef war selbst ein Mitglied des Hohen Rates, der sehnsüchtig auf das Kommen des göttlichen Reiches wartete. Er war es, der Jesus vom Kreuz nahm und in ein von ihm gekauftes Leinentuch einwickelte. *Markus 15,42-46* Als Zeichen seiner Ergebenheit überließ er Jesus die für sich selbst bestimmte Grabstätte. Unschwer zu erkennen sind trotz der Furcht vor den Reaktionen der eigenen Landsleute seine Hingabe an seinen Messias und die liebevolle Ehrerbietung ihm gegenüber. Immer wieder wurde er deshalb in der Geschichte bei der Kreuzabnahme abgebildet, so auch beim beeindruckenden Gemälde von Rogier van der Weyden, das in einem Museum in Madrid hängt.

Auch **Nikodemus** war an dieser Grablegung von Jesus anzutreffen und beteiligte sich mit wertvollen Geschenken. *Johannes 19,39* Er war ein Pharisäer und eine wichtige Stimme in der geistlichen jüdischen Elite. Überliefert ist sein nächtliches Gespräch, in dem er Jesus mit einem »Wir wissen, dass du ein Lehrer bist, von Gott gekommen« begegnet, worauf Jesus ihn unbeeindruckt konfrontiert, dass man von Neuem geboren werden muss, um das Reich von Gott zu sehen. *Johannes 3,3* Diese »Wiedergeburt«-Sache kann Nikodemus nicht wirklich einordnen. Er versteht es physisch, nicht geistlich. Deshalb fragt er verwirrt nach, was Jesus damit meint, da man schließlich nicht wieder in seine Mutter hineingehen könne, um noch einmal auf die Welt zu kommen. Mich hat immer erstaunt, wie so ein schlauer Kopf, der viel mehr Bildung als die meisten genossen hat und so viel Wissen aus der Thora und den überlieferten Schriften in sich vereinte, dann doch wie jede andere Person blockiert ist, als er an diesem einen Punkt ankommt: dem Ort, an dem es schlicht darum geht, Christus als den zu erkennen, der er ist.

Jesus trifft den wunden Punkt von Nikodemus wie den Nagel auf den Kopf: Glaube ist nicht einfach eine Ansammlung von Wissen über den Messias, sondern eine bewusste innere Hinwendung. Dass sich Glaube nicht im Intellektuellen erschöpft, sondern auch eine spirituelle Dimension besitzt. Es geht um eine Hinwendung zu Gott, um das Eingeständnis, dass wir Gott brauchen, und um das Zulassen, dass dieser Geist Gottes in mir »Wohnung nimmt«. Dabei wird etwas Neues in mir geboren, von dem ich im Buch *Unfertig* bereits als »der neue und der alte Boppi« ausführlich geschrieben habe.

Ich möchte keineswegs intellektuelle Errungenschaften kleinreden – die Welt denkend zu ergründen, ist uns von Gott her zugedacht *Römer 1,19-20* und von herausragender Bedeutsamkeit. Aber wir müssen darauf achtgeben, dass wir uns weder in unsere Theorien verlieben noch uns in ihnen verlieren.

Denn die weisesten Theorien, die wir uns zusammenbasteln, um die Welt und Gott zu erklären, sind am Ende immer nur Annäherungen an seine Realität.

Man kann sehr fromm und religiös klingen und gleichzeitig mit größter Überzeugung in die falsche Richtung rennen und die falschen Dinge tun.

Saulus habe ich in dem Zusammenhang bereits erwähnt. Aber anstatt mit dem Finger auf ihn zu zeigen, sollten wir sehr gut unsere eigenen Dynamiken betrachten. Wie oft haben wir als christliche Gemeinschaft schon wohlmeinend »Verfolgungen« vom Zaun gerissen? Haben wohlmeinend und wahrheitsbewahrend Menschen kritisierend konfrontiert und ausgestoßen, weil ihr Leben nicht unseren dogmatischen Vorgaben entsprach? Haben Christen an den Pranger gestellt, die laut unserer Meinung den »wahren« Glauben verraten haben oder eine von uns gezogene verbotene rote Linie übertreten haben.

Ganz selten kommen wir dabei in die Nähe des Gedankens, dass wir wie Saulus sind: überzeugt, aber verfolgend. Wie Nikodemus: hochreligiös und wissend, aber nicht erkennend. Wie einige der Pharisäer der damaligen Zeit: dogmatisch korrekt, aber übersteuernd lieblos. Erstaunlicherweise wird sehr oft in Predigten die Brücke von uns zu den Jüngern geschlagen – aber fast nie von uns zu den Pharisäern. Saulus hat die Kurve hinbekommen. Und auch das Leben von Nikodemus leuchtet von hoffnungsvoller Transformation. Der Ball liegt nun bei uns, bei dir und mir.

Es ist ermutigend zu sehen, dass auch ein Nikodemus am Ende beim Kreuz auftaucht, dass er Jesus öffentlich verteidigt *Johannes 7,50-52* und in seiner Ehrerbietung keinen Zweifel offenlässt, dass auch er zu einem Nachfolger von diesem Jesus geworden ist. Von manchen Theologinnen und Theologen wird er mit einem Schüler namens Buni gleichgesetzt, der im Talmud als ein Schüler von Jesus beschrieben wird.[21] In der rabbinischen Literatur taucht mehrfach ein Mann namens Naqdemon – also Nikodemus – Ben Gorjon auf, der auch Buni geheißen haben soll und eine der reichsten Personen Jerusalems gewesen ist. Die Beschreibungen dieses Buni treffen auf Nikodemus zu und untermauern seine Christus-Nachfolge als dessen aktiver Jünger.

+++

Zwei weitere Personen, die wir nach der Kreuzigung aufspüren können, sind die beiden **Jünger**, die wohl frustriert und desillusioniert über den Tod ihres Rabbis unterwegs nach **Emmaus** sind. Sie haben, wie Hunderte andere auch, eine Begegnung mit dem Auferstandenen. Und wie so viele erkennen sie ihn dabei nicht auf Anhieb. Als er sich ihnen dann zu erkennen gibt, wird ihnen plötzlich in der Retroperspektive klar: »Brannte nicht unser Herz in uns, da er mit uns redete auf dem Weg und uns die Schrift öffnete?« *Lukas 24,32*

Solche »brennenden Herzen« pflastern seit jeher unübersehbar und unzählbar den Lauf der Geschichte, wie die Liebesschlösser das Geländer der Milvischen Brücke in Rom. Theologien sind gekommen und gegangen. Und mit ihnen Theologinnen und Theologen. Die einen berufen sich mutig und manchmal auch unkritisch auf die Geschichte, andere wiederum setzen den Schwerpunkt eher auf Theologie als eine den Gegenstand entwickelnde Wissenschaft und ignorieren geschichtliche Dynamiken großzügiger – aber ebenso unkritisch. »Chronologischer Snobismus«[22] besagt, dass das Denken, die Erkenntnisse und die Wissenschaft einer früheren Zeit dem der Gegenwart von Natur aus unterlegen sein müssen. Das ist genauso falsch wie die Ignoranz vor wissenschaftlicher Entwicklung. Und zu glauben, dass in der Kirchengeschichte keine korrekturbedürftigen Prozesse und Fehleinschätzungen getroffen worden sein können.

Die Jesus-Bewegung hat sich seit ihrem Startschuss vor 2000 Jahren immer wieder bewegt und verändert, genauso wie die Ausdrucksformen, die Christen gefunden haben, um Gott anzubeten. Bereits innerbiblisch können wir erkennen, wie die Apostel versucht haben, auf verschiedene Strömungen zu reagieren und dem zarten Pflänzchen der Gemeinde hilfreiche Strukturen zu verpassen. Erweckungen haben stattgefunden und sind verblasst, während immer wieder neue Aspekte des christlichen Glaubens Hochkonjunktur hatten – um dann auch wieder mal in den Hintergrund zu rücken. Missstände haben sich eingeschlichen und wurden aufgedeckt, Bewegungen haben zu Gegenbewegungen und die wiederum zu Gegen-Gegenbewegungen geführt.

Was aber unverändert durch alle Zeiten hindurch geblieben ist, sind Begegnungen von Menschen mit diesem Gott, der uns in Christus besucht hat. Beeindruckend, wie unbeeindruckt Gott seine Geschichte mit uns schreibt. Noch heute erleben Menschen durch die Hinwendung zu ihm diese Transformation, diese »brennenden Herzen«. Und das zu beobachten, überzeugt mich von der Wahrheit dieses Christus.

Die Emmausjünger waren bei Weitem nicht die Einzigen, denen der Auferstandene erschienen ist. Und unschwer nachzuvollziehen, warum sich einige schwergetan haben, das einfach so zu glauben.

Thomas, der arme Kerl, verpasste doch tatsächlich den ersten großen Auftritt vom auferstandenen Jesus bei seinen Jüngern. Kennst du das Gefühl, immer genau nicht dabei gewesen zu sein, wenn etwas Großes beginnt, ein Aufbruch oder ein Durchbruch startet, wenn die anderen etwas Tiefgreifendes erleben oder irgendwo grad wieder Mal ein Wunder passiert ist – just in den fünf Minuten, in denen du kurz mal auf der Toilette warst? Thomas wollte seine Wunden sehen *Johannes 20,25*, absolut legitim – und ist deshalb als »Thomas, der Zweifler« in die Geschichte eingegangen.

Gott sei Dank gab es damals schon Leute wie ihn und sind diese Geschichten auch überliefert. In deinem Glauben an Christus haben auch immer der Unglaube und das Bedürfnis nach etwas Anfassbarem Platz. Glaube schützt vor Nichtglauben nicht. Dinge anzuzweifeln ist keineswegs schlecht – vielmehr sind Zweifel eine Unterkategorie des Glaubens. Denn sie drücken aus, dass ich dem Angezweifelten zumindest eine minimale Existenzchance einräume. Und darauf kann Gott aufbauen – da ihm schon ein Senfkorn-Glaube zum Bergeversetzen reicht. *Matthäus 17,21*

Stell dir vor, die Welt glaubt mehrheitlich an fliegende, rosa gestreifte Elefanten. Du aber nicht. Dann würdest du dich nicht am Abend mit offenen Augen zwei Stunden im Bett liegend von einer Seite auf die andere wund wälzen, weil du dich mit Zweifeln über deren Existenz herumschlägst. Du würdest die Augen schließen und keinen Gedanken an fliegende, rosa gestreifte Elefanten verschwenden. Falls dich deine Zweifel an Gottes Existenz, an seiner Liebe, an seiner Liebe zu dir, an einem ewigen Leben manchmal umtreiben, dann ist das ein wichtiger Ausgangspunkt für Glaube. Ja, vielmehr: Es ist bereits Glaube. In einer rohen, ehrlichen Form. Und Gott kann mit deinen Zweifeln ganz gut umgehen. Das hat Jesus im Umgang mit Thomas gezeigt. Ich bin wohl ähnlich gestrickt wie Thomas – mir hätte aber schon das Betrachten der Wunden gereicht, da ich das Berühren dann doch ein wenig eklig finde.

+++

Der stärkste Glaube ist nicht vor Verdunkelungen und »der dunklen Nacht der Seele« gefeit, wie es der spanische Karmeliter und Mystiker Johannes vom Kreuz in einem Gedicht genannt hat. Mich ermutigt es zu lesen, dass sogar **Johannes der Täufer**, der in meinem Kopf als wilder und furchtloser Typ verankert ist, seine zweifelnden und dunklen Nächte geschoben hat. Johannes war der Wegbereiter für Jesus, und als er Jesus endlich begegnete, rief er: »Seht, hier ist das Opferlamm Gottes, das die Sünde der ganzen Welt wegnimmt! Er ist es, von dem ich sagte: ›Nach mir kommt einer, der größer ist als ich, denn er war schon vor mir da.‹« *Johannes 1,29-30** Nur zwei Verse weiter bezeugt er dann: »Ich sah den Geist Gottes wie eine Taube vom Himmel herabkommen und auf ihm bleiben. Ich kannte ihn bis dahin nicht; aber der, der mich gesandt und mir den Auftrag gegeben hat, mit Wasser zu taufen, hatte zu mir gesagt: ›Der, auf den du den Geist herabkommen siehst und auf dem er bleiben wird, der ist es, der mit dem Heiligen Geist tauft.‹ Das habe ich nun mit eigenen Augen gesehen, und darum bezeuge ich, dass dieser Mann der Sohn Gottes ist.« *Johannes 1,32-34**

Das Statement ist unmissverständlich und trieft von überzeugter Erwartungseuphorie. Johannes sieht klar, seine Mission scheint erfüllt – er hat auf den Messias hingewiesen und dieser ist in Jesus nun gekommen. Er hat ihn erkannt und nun beginnt er die Menschen auf diesen Christus hinzuweisen. Als das Leben dann aber eine unglückliche Wendung nimmt und er im Gefängnis landet, sieht alles plötzlich nicht mehr so rosig und nach dem Siegeszug seines erwarteten Retters aus. Vielleicht wurde ihm dabei – wie auch uns oft – sein Gottesbild zum Verhängnis. Die Erwartung, wie Gott in unser Leben oder in diese Welt einzugreifen hätte. Wie und wo Gottes Wirken Gestalt annehmen müsste. Wie Jesus diese Welt befreien sollte. Wie auch immer: Wie ein Radrennfahrer, der mit erhobenen Armen seinen Sieg feiert und dabei kurz vor der Ziellinie noch überholt wird, fand er sich in seiner Zelle inmitten einer dunklen Nacht der Seele wieder. Er schickt zwei seiner Jünger zu Jesus mit dem Auftrag, ihn zu fragen: »Bist du der, der kommen soll, oder müssen wir auf einen anderen warten?« *Lukas 7,19*

Erstaunlich, wie man in kurzer Zeit vom vollmundigen »Seht, das Opferlamm!« zu einem blutleeren »Bist du es?« kommen kann. Aber gleichzeitig doch wieder nicht überraschend, wenn man um die Beschaffenheit der menschlichen Seele weiß, genauso wie um die Beschaffenheit des Glaubens. Hoffnungsvoll inmitten dieser Zweifel kann das Wissen um die bereits beschriebene Eigenheit der Zweifel sein, dass wir nur Dinge anzweifeln, denen wir zumindest eine minimale Chance einräumen, real zu sein. Und die Tatsache, dass wir Dinge anzweifeln können, sollte uns helfen, die Zweifel zwar ernst zu nehmen und ihnen Raum zu geben, aber sie im Minimum ebenso kritisch zu betrachten wie das Objekt, an dem sich die Zweifel entladen. Fairerweise darf man auch an den Zweifeln zweifeln – ohne an ihnen verzweifeln zu müssen.

+++

Als Jesus kurz vor seiner Rückkehr in den Himmel zum großen Auftrag ansetzt, heißt es, dass auf dem Berg trotz all der *Matthäus 28,19-20* vorangegangenen Erfahrungen und Wunder nicht eine übermotivierte Meute an Jüngerinnen und Jüngern auf diesen gottgegebenen Auftrag gewartet hat. Einige fielen vor ihm nieder, andere zweifelten. *Matthäus 28,17* Auch das schien Jesus weder frustriert noch irritiert zu haben. Er reagierte darauf mit: »Mir ist alle Macht im Himmel und auf der Erde gegeben.« *Matthäus 28,18** Er richtet ihren Blick weg von ihren Zweifeln hin auf sich. Auf Christus, den Auferstandenen. Seine Botschaft ist nicht: »In eurem Glauben liegt die Macht, in euren Evangelisationsskills liegt die Macht, in der weltweiten Kirche liegt die Macht, in der richtigen Theologie liegt die Macht, in der Bibel liegt die Macht, im korrekt formulierten Gebet liegt die Macht, in den Wundern liegt die Macht, in christlichen Systemen liegt die Macht …« Nichts von alledem. Seine Entgegnung auf die Hingabe wie auch auf die Zweifel seiner Nachfolgerinnen und Nachfolger ist: »In mir, in Christus, liegt die Macht. Schaut weg von euch, eurer Situation, eurer Befindlichkeit, eurem Übermut und eurem Kleinglauben. Und schaut auf mich.«

Auch war Christus nicht dermaßen besorgt oder verunsichert von den Zweifeln, die ihm entgegenschwappten, dass er den Auftrag irgendwie herunterskaliert hätte, im Sinne von: »Wisst ihr was? Wenn ich so in eure Gesichter blicke, merk ich – das wird so nix. Hab's mir gerade anders überlegt. Starten wir doch einfach mal kleiner, nehmen den Fuß wieder vom Pedal und entspannen die Sache einfach. Müssen ja nicht gleich steil gehen, mit der ›Die ganze Welt‹-Sache und so. Wir bleiben doch einfach mal hier in der Gegend um den See und krempeln Kapernaum ein bisschen um. Gibt ja schon genug zu tun. Und wer das mit dem Jüngermachen nicht mag, kann ja einfach wieder ein bisschen fischen gehen mit Petrus. Hab euch alle lieb.«

Einer, der im Zusammenhang mit schwankenden Glaubensdynamiken ebenfalls noch in die Erzählung eingeflochten werden muss, ist **Jakobus**, einer der Brüder von Jesus. Während Johannes der Täufer mit vehementer Überzeugung auf Jesus hinwies, um dann später doch noch mit Zweifeln zu ringen, entwickelte sich die Glaubensreise von Jakobus nämlich genau andersherum. Er startet mit Nichtglauben und endet dann doch als starke Stütze der christlichen Community in Jerusalem – und irgendwo dazwischen erlebt er die Transformationskraft des Kreuzgeschehens.[23]

Ich gehe davon aus, dass er tatsächlich der Bruder von Jesus gewesen ist, wohl der zweitälteste dieser fünf Brüder, die auch noch mehrere Schwestern hatten. *Markus 6,3* Gemeinsam mit Joses, Judas, Simon und den Schwestern erlebt er Jesus, wenn sie dem Vater Josef Streiche gespielt haben, wie er gemeinsam mit ihnen aufwuchs. Kein Wunder, bekundete er Mühe, in diesem für ihn so normalen Menschen und Bruder etwas Göttliches wahrzunehmen. Wie auch, wenn man mit einem ganz anderen Bild von Gott aufwächst? Mit einem heiligen Gott, dem man sich nicht nähern kann, ohne zu sterben, weshalb nur ausgewählte Menschen wie der Hohepriester diese Gegenwart aufsuchen durften und auch sie nur unter bestimmten Voraussetzungen und zu bestimmten Zeiten?

Zu Beginn der Wirkungszeit von Jesus war Jakobus wie auch andere der Familie überzeugt, dass Jesus nun den Verstand verloren hatte. *Markus 3,21* In Johannes 7,5 steht dann unmissverständlich, dass die Brüder nicht an Jesus, seine Sendung und seinen göttlichen Anspruch glaubten. Nicht bei allen Menschen im Umfeld von Jesus hat sich dieser Nichtglaube in einen Glauben und eine Nachfolge gedreht, wie ich es bereits anhand der Auferweckung von Lazarus beschrieben habe. Aber definitiv ist bei Jakobus etwas geschehen – wann genau dieses Umdenken passiert ist, ist nicht ersichtlich. Paulus erwähnt jedoch, dass Jesus nach der Auferstehung von Hunderten *1. Korinther 5,7* von Menschen gesehen worden ist, und Jakobus ist dort als einer der wenigen ausdrücklich mit Namen erwähnt. Sehr gut möglich, dass dort auch sein Herz zu brennen begonnen hat und er im eigenen Bruder Christus, den Auferstandenen, erkennen konnte.

Als Nächstes treffen wir Jakobus nämlich im Kreise seiner Brüder, seiner Mutter Maria und vieler Freunde wieder betend an. *Apostelgeschichte 13,1* Paulus zählt Jakobus schließlich neben Petrus und Johannes als eine der drei Säulen der Jerusalemer Gemeinde auf. *Galater 2,9* Von einem »Du bist nur mein Bruder« gelangte er zu »Du bist Gottes Sohn«. Eine eindrückliche innere Reise, die mich auch 2000 Jahre später noch überzeugt. Denn wenn Jesus nicht Gottes Sohn gewesen wäre, wie um alles in der Welt hätte er all die Tausenden von Menschen getäuscht – und an vorderster Front seine engsten Freunde und Familienmitglieder, die ihn seit seiner Kindheit so gut kannten und durchschauen konnten? Für mich gibt es wenig, das so überzeugend wirkt, wie ihre transformierten Leben. Die Geschichten von den Menschen »rund ums Kreuz«. Sie ermutigen mich, auch mein Leben durch das Kreuz und durch Christus zu betrachten.

†††

Wo stehst du mit deinem Glauben und deinem Nichtglauben? Wohin entladen sich deine Zweifel? Woran kristallisiert sich dein Glaube? Vielleicht kann es dir helfen, den Ruf des Vaters, der sich Heilung für seinen Sohn ersehnt hat, als Gebet zu eigen zu machen: »Ich glaube; hilf meinem Unglauben!« *Markus 9,24*

MEHRDEUTIG UND UNVERKÜRZT – DAS PFERD IM SATTEL REITEN

Paulus schreibt an die Korinther, dass er sich entschieden hat, ihre Aufmerksamkeit auf nichts anderes als Jesus Christus, den Gekreuzigten, zu lenken. *1. Korinther 2,2* Man könnte ihn da vorschnell einer Plattitüde verdächtigen. Einfach nur »Jesus« klingt verdächtig nach Sonntagsschuljargon, bei dem alle Antworten irgendwie auf Jesus hinauslaufen, egal, was die Frage war. Wer hat alle Menschen lieb?

Jesus. Wer starb am Kreuz? Jesus. Was ist braun, sammelt Nüsse und springt mit buschigem Fell von Ast zu Ast? Selbst wenn die Antwort der Frage schon fast verstörend stark nach einem Eichhörnchen schreit, ist klar, dass es trotzdem Jesus sein muss.

Wir dürfen den Menschen mehr zutrauen. Den Kindern genauso wie den Erwachsenen. Und das, was oft zu ungesunden Glaubensauswüchsen führt, sind Reduktionismus und Verkürzungen, derer wir uns nicht bewusst sind. Es ist entscheidend für einen gesunden und attraktiven Glauben, der seine Wirkungskraft ungehindert in diese Welt hinein entfalten kann, dass wir unsere eigenen Verkürzungen entlarven. Dass wir fähig bleiben, die zwei Seiten der Medaille auszuhalten.

Und Spannungen, die eine Verkürzung als schnellen und leichten Ausweg nahelegen, geschehen nicht nur um Christus und ums Kreuz, sondern tauchen über die gesamte Themenpalette Querbeet im christlichen Gärtchen auf. Während manche solche Themen oder Bibelstellen gerne ausblenden, glaube ich, dass das gesamte Glaubenskonstrukt aus unauflösbaren Spannungen besteht, weil das Gott abbildet.[24] Spannungen, die uns, wenn wir sie auflösen, in ungesunde Einseitigkeiten abgleiten lassen. Wie eine Slackline von diesen entgegengesetzten Spannungsfeldern lebt, lebt auch unser Glaube davon: der freie Wille und die göttliche Erwählung, Gnade und Heiligung *Hebräer 10,14* oder auch Gnade und Nachfolge, Gott als gnädiger Versöhner und Gott als Richter, Jesus als Mensch und als Gottes Sohn, die Möglichkeit von Heilung und die Erfahrungen des Nicht-geheilt-Werdens, von »Gehet hin« *Markus 16,15* und »Bleibt bei mir« *Johannes 15,4*. Aber genau das ist die Würze des Lebens und des Glaubens.

Mein Glaubensleben akzeptiert die unauflösbaren Gegensätze, die sich manchmal wie Widersprüche anfühlen, aber in Wahrheit einander ergänzend gegenüberstehen. Gerechtigkeit ist ein wichtiges Bedürfnis, das nicht von der Gnade überspült werden darf, sondern sich in ihr letztlich manifestiert. Und Gnade ist letztlich nur in Kombination mit Wahrheit zu haben. »Denn durch Mose wurde uns das Gesetz gegeben, aber durch Jesus Christus sind die Gnade und die Wahrheit zu uns gekommen.« *Johannes 1,17* In Christus verbinden sich diese Wahrheit und die Gnade untrennbar – so wie sich in ihm alles verbindet *Kolosser 1,20*, eine Tatsache, die zu Recht unsere Vorstellungskraft sprengt, egal, auf welcher Seite vom Pferd wir reiten. Für Gott werden sich die Spannungen wohl nicht wie Spannungen anfühlen. Er ist Sowohl-als-auch, nicht Entweder-oder.

Wenn wir mit einer imaginären Schere diese Spannungsverhältnisse auflösen, dann gleiten die Polaritäten rasch mal in ihre Übertreibung ab. Im Leben ist es beispielsweise ratsam, Großzügigkeit und Sparsamkeit gleichermaßen zu bedienen. Je nach Lebensphase oder Lebensbereich braucht es mal mehr oder mal weniger von einem der beiden Pole. Wenn man sie voneinander trennt, dann gleitet die Großzügigkeit rasch in ihre entartete Übertreibung ab und wird zum Verschwendertum, während die Sparsamkeit sich zum Geiz entstellen kann. Genau deshalb müssen die von Gott geschaffenen Polaritäten in einer dynamischen Abhängigkeit miteinander koexistieren. Sie bedingen sich gegenseitig.

+++

Einzelne Spannungen können entstehen, weil in der Bibel manche Aussagen in scheinbar gegensätzliche Richtungen ziehen. Andere Spannungen können auch durch die Mehrdeutigkeit entstehen, die einzelnen Textstellen zugrunde liegen.

Ungesund wird es dort, wo wir die Spannungen versuchen in eine Richtung aufzulösen. Das passiert auch deswegen sehr schnell, weil unser westlich-aufgeklärtes Denken zu Schwarz-Weiß-Annahmen neigt und damit der jüdischen Tradition des Bibellesens nicht Rechnung trägt. Diese hat gerade den Wert der Mehrdeutigkeit schon früh erkannt. Dr. Guido Baltes hat das in seinem Artikel *Schwarzweiß oder Rosarot?*[25] verdeutlicht. Er schreibt davon, dass es im Midrasch, einer alten Sammlung jüdischer Bibelkommentare, heißt: »70 Gesichter hat die Tora«, »Siv̔ im panim la-tora«.[26] Das hebräische Wort panim kann auch mit »Facetten oder Arten, etwas zu sehen« übersetzt werden. Bei den siebzig Facetten geht es aber nicht darum, sich seine Lieblingsauslegung herauszusuchen und so die Bibel der Beliebigkeit preiszugeben, sondern die in ihr verborgene Vielfalt zu entdecken, herauszuschälen und daraus das mehrdimensionale Bild zusammenzusetzen.

Baltes schreibt von Rabbi Ishmael, der rund siebzig Jahre nach Jesus gelebt hat und der diese Mehrdeutigkeit mit dem Bibelvers begründete: »Ist mein Wort nicht wie ein Feuer, spricht der Herr, und wie ein Hammer, der Felsen zerschmeißt?«

Jeremia 23,29

Ishmael legte das aus als: »So wie ein Hammer auf den Felsen schlägt und viele Funken erzeugt, so bringt jede Schriftstelle viele Auslegungen hervor.«[27] Es gibt eine Erzählung, in der die konkurrierenden rabbinischen Schulen von Hillel und Schammai zwei bis drei Jahre lang über die richtige Auslegung einer Schriftstelle gestritten haben, bis sie eine Stimme vom Himmel gehört haben sollen: »Sowohl dieses als auch jenes sind Worte des lebendigen Gottes.«[28]

Der Islamwissenschaftler Thomas Bauer hat in seinem Buch *Die Vereindeutigung der Welt* die These aufgestellt, dass die ambiguitätstolerante Art der Schriftauslegung in allen großen Religionen bis zum Beginn der Moderne wertgeschätzt und gefördert wurde. Erst die Aufklärung verlangte nach Widerspruchsfreiheit und Irrtumslosigkeit. Wenn alles nur noch eine Deutung haben kann, führt das in ein starkes Richtig-oder-falsch-Verhalten, in ein gegenseitiges Verurteilen, ein Sich-den-Glauben-Absprechen und in Religionen zu Fundamentalismus und Extremismus. Interessanterweise findet sich diese Eindeutigkeitsforderung überall – auf traditioneller Seite genauso wie auf liberaler. Jeder klammert sich mit Überzeugung an den eigenen »Funken« und übersieht davon geblendet, dass der Hammer auch noch andere Funken hervorgebracht hat.

Damit ich nicht missverstanden werde: Ich glaube an die Existenz von absoluten und von Gott gesetzten Wahrheiten. Und nicht jede Bibelstelle erzeugt dieselbe überwältigende Schar an Funken. Bei vielen ist durch den Kontext ersichtlich, was die Bibel damit sagen will – und die Auslegungen unterscheiden sich dann in Nuancen. Am Ende bleibt der Umgang mit der Bibel ein ehrliches und wichtiges Ringen in Abhängigkeit von Gottes Offenbarung durch seinen Geist.

Was wir im Umgang miteinander neu entdecken dürfen, sind Ambiguitätstoleranz und Pluralismusfähigkeit. Baltes beschreibt beides folgendermaßen:

»Das erste ist die Fähigkeit, in mir selbst Mehrdeutigkeiten auszuhalten, ohne sie in die eine oder andere Richtung aufzulösen. Das zweite dagegen ist die Fähigkeit, den anderen zu ertragen, auch wenn er eindeutig anders denkt als ich. Im Bild gesprochen: Ambiguitätstoleranz ist die Fähigkeit, nicht auf einer Seite vom Pferd zu fallen. Pluralismusfähigkeit ist die Bereitschaft, auch dann noch zusammen weiterzugehen, wenn man auf unterschiedlichen Seiten vom Pferd gefallen ist. Ambiguitätstoleranz erträgt das eigene Gefühl, keine eindeutige Antwort zu haben. Pluralismus dagegen erträgt den anderen, dessen Antworten sich von meinen eindeutig unterscheiden.«

Unschwer davon abzuleiten ist, dass Menschen mit mangelnder Ambiguitätstoleranz zu Schwarz-Weiß-Denken neigen oder alles rosarot sehen. Erstere unterteilen alles dualistisch in Freund und Feind, Wahr und Falsch. Letztere leugnen Differenzen und verdrängen Unterschiedlichkeit oder Deutungsvielfalt.

Das Leben ist jedoch weder schwarz-weiß noch rosa, sondern sehr viel farbenfroher. Was ich genieße.

+++

Selbst habe ich mir angeeignet, diese innere Spannung zu akzeptieren, die ich manchmal fühle – und nicht immer gleich zur Schere zu greifen, um die vermeintlich widersprüchlichen Gegensätze voneinander zu lösen und die Anspannung in mir vorschnell aufzulösen. Bedingt durch unser Bibelverständnis müssen wir manchmal aushalten, dass auch das Geschriebene mit dem Gelebten und Erlebten in einem Spannungsverhältnis stehen kann. Und gleichzeitig darf ich mit der äußeren Spannung leben lernen, dass wir Gott unterschiedlich erleben, zu unterschiedlichen Überzeugungen kommen und verschiedene Lieblingsliturgien und Glaubensformen haben.

Definitiv hat Pluralismusfähigkeit Grenzen und auch die innere Ambiguität und das Maß an gefühlter Spannung lassen sich nur bis zu einem gewissen Grad aushalten. Manche Spannungen bei biblischer Auslegung werden jedoch auch durch Selbstwidersprüchlichkeit erzeugt, worauf nicht mit Ambiguitätstoleranz reagiert werden muss.

Stark ist, bei Christus zu sehen, dass er Klarheit und Weite in sich vereinen konnte. Sein »Niemand kommt zum Vater denn durch mich« *Johannes 14,6* ist eine Aussage, die an Klarheit kaum zu überbieten ist und bei einigen Irritationen hervorruft. Während sein Umgang mit Menschen und seine überfließende Liebe und Gnade eine Weite zeigen und manchen innerchristlichen Forderungen nicht entsprechen, was manche Fromme damals wie heute bis zur Weißglut treiben kann. Wir können seinem Beispiel folgend immer auf Klarheit hinarbeiten, ohne dabei die Weite opfern zu müssen, und umgekehrt.

Um noch einmal das Bild des Hammers und des Felsens zu bedienen: Wenn mich die siebzig Funken verunsichern, kann es hilfreich sein, zu bedenken, dass die siebzig Funken am selben einen Felsen erzeugt werden. Christus ist dieser Fels 1. Korinther 10,4, dieser Eckstein, der gelegt worden ist Apostelgeschichte 4,1 – und deshalb ist der Blick auf ihn und durch ihn so zentral für den eigenen Glauben.

Anstatt auf diejenigen zu zeigen, die mit einem bestimmten Funken liebäugeln, täten wir gut daran zu erkennen, zu welchem wir uns hingezogen fühlen. Oft hat man das Gefühl, selbst »mittig« zu stehen, während die anderen links oder rechts wegdriften. Wo man tatsächlich steht, entlarvt unsere eigene Kritik – wenn wir etwas an den anderen kritisieren, dann ist es meistens auch eine noch eindeutigere Selbstaussage. Dieses unselige »Einander-korrigieren-Wollen« – wofür dann immer auch ein paar Bibelverse als Begründung herhalten müssen – erzeugt selten wirklich gesunde und gute Frucht. Im Gegenteil, es verstellt uns am Ende den Blick auf das Evangelium der Gnade. Und es gibt dabei noch ein weiteres Problem – vor lauter Position-Halten auf einer der Seiten, die in Spannung zueinander stehen, geht uns mitunter die Wirkungskraft des Kreuzes und des Evangeliums für unser Leben verloren.

In meiner Schulzeit – ja, das ist lange her, und nein, ich habe nicht mehr auf Schiefertafeln geschrieben – stand im Matheunterricht direkt vor mir auf dem Lehrerpult eine dieser metallenen Spitzmaschinen mit Drehkurbel. Mein Freund aus der hintersten Reihe (da, wo die mathematisch nicht überreich gesegneten saßen) benutzte diesen Anspitzer auffallend häufig während Prüfungssituationen. Wie er mir erst Jahre später gestand, hat er sich manchmal extra den Minenspitz seines Bleistifts abgebrochen, um nach vorn zum Anspitzer gehen zu können. Dort hat er dann während des Spitzens heimlich nach Lösungen auf meinem Blatt geschielt. Je komplizierter die Aufgaben waren, umso länger benötigte dieser Schiel-Prozess und desto kürzer wurde der Bleistift.

Genau das ist uns mit unserem Evangeliumsverständnis passiert. Am Ende versucht man die erschummelte Lösung aufs eigene Blatt Papier zu schreiben – mit einem Stummelstift, den man kaum mehr halten, geschweige denn damit schreiben kann. Wir haben das Evangelium dermaßen euphorisch und ambitioniert geschärft und zugespitzt, dass viele Christen es selbst nicht mehr richtig greifen können und es gleichzeitig nicht mehr in die Leben von Menschen schreibt. Wir haben das Evangelium »verkürztstummelt«. Wohlmeinend nach der Lösung suchend, eifrig nach der Wahrheit strebend, in gutem Glauben, es dadurch zu bewahren, oder auch als Reaktion auf die Verkürzungen anderer Gruppierungen – ohne zu realisieren, dass wir es dadurch manchmal bis zur Unbrauchbarkeit zurechtgestutzt haben.

Im Moment realisieren viele Christen, dass sie – sprachlos geworden – den Evangelium-Stummel nicht mehr greifen können, und stellen sich die Frage, was denn eigentlich das Gute an der Guten Nachricht ist. Während Menschen, die nicht an Gott glauben, signalisieren, dass das Evangelium, das wir als Kirche präsentieren und repräsentieren, nicht in ihr Leben zu schreiben vermag.

+++

Verkürzungen entstehen oftmals aus nachvollziehbaren Gründen – und meistens auf beiden Seiten eines Spannungsfeldes:

- aus der Not heraus, sich gegen eine ungesunde Strömung abzugrenzen,
- aus der Sehnsucht danach, die Gute Nachricht auf das Wesentliche zu fokussieren,
- aus dem Wunsch, sich aus einem ungesunden Zustand herauszuentwickeln,
- aus dem Bedürfnis, etwas Komplexes zu simplifizieren, um es besser greifen zu können,
- weil man das Evangelium noch prägnanter vermitteln will oder
- weil man einzelne Lieblingsbibelverse oder -themen aufgrund positiver Erfahrungen überhöht.

Im Bereich der Soteriologie – das ist die Lehre vom Heil bzw. der Erlösungstat Christi – beispielsweise gibt es zwei bekannte Extreme: Auf der einen Seite steht eine **sozial liberale Verkürzung**, die dazu neigt, sich einseitig auf strukturelle Veränderungen, Gerechtigkeit, Frieden und Bewahrung der Schöpfung zu fokussieren, dabei jedoch oft die Notwendigkeit der persönlichen Umkehr und des Glaubens an Jesus Christus aus dem Blick verliert. Demgegenüber steht die Tendenz einer **traditionellen Verkürzung**, die Erlösung allein auf die Vergebung von Schuld und auf das ewige Leben reduziert und alle anderen Erlösungsdimensionen, die Christus am Kreuz für uns errungen hat, entweder großzügig vernachlässigt oder sogar gänzlich ausblendet.

Verkürzungen gibt es in vielen Bereichen des Glaubens und jede christliche Strömung hat ihre eigenen Tendenzen, ihre Übertreibungen und Überhöhungen. Heikel wird es meist dort, wo man um einzelne Lieblingsbibelverse riesige theologische Gebäude baut, die dann ziemlich instabil stehen und je nach Lebenssituation heftig wanken. Spannenderweise liegt die eigene Verkürzung – für die man oftmals blind ist – meist in einer Stärke von den Gruppierungen, die man selbst kritisiert und von denen man sich distanzieren will. Eine gesunde Balance wäre wünschenswert und hilfreich, die Zentrifugalkraft ins Ungleichgewicht jedoch erstaunlich hoch.

Sehr leicht ersichtlich wird Reduktionismus im **trinitarischen Dreiklang: Gott, dem Vater, Christus, dem Sohn, und dem Heiligen Geist.** In unserem Umgang mit diesem Dreiklang lässt sich viel Verkürzungspotenzial ausmachen.

- Man kann in der »Heiliger Geist«-Ecke zu einer Überbetonung ansetzen und das Dreieck aus dem Gleichgewicht bringen, indem man den Glauben stark auf Erfahrungsmomenten abstützt. Um zu glauben, benötigt man dann Wunder und übernatürliches Eingreifen von Gott; das Ausbleiben ebendieser löst im Gegenzug theologische oder psychologische Schwierigkeiten aus, die zu großen Lebenskrisen führen können.
- Auch in der »Gottvater«-Ecke gibt es Potenzial für Disbalance. Wenn Gott nur noch als mystisch-transzendentes Wesen angeschaut wird und man

außer Acht lässt, dass es durch die Menschwerdung in Christus auch um eine greifbare Beziehung geht beispielsweise. Oder wenn die Vaterliebe dermaßen stark betont wird, dass der Blick für die Wahrheit, die sich in Christus personifiziert, verloren geht. Es heißt dann oft, dass im höchsten Gebot, dem Dreiklang der Liebe, ja alles enthalten sei. Nur: Wenn man nicht mehr weiß, was dieses »alles« beinhaltet, nützt alles nichts.

Gleichzeitig kann man sich aber in die andere Ecke hinein auch so auf Christus, den Sohn, versteifen, dass einem unter Umständen das Geistwirken in der heutigen Zeit vom Wagen fällt oder man durch eifriges Glauben und Bewahren der Wahrheiten Verrat an der Liebe begeht.

Mir ist klar, dass diese Betrachtungsweise in sich selbst eine Verkürzung der Realität darstellt und das Thema nur grob umkreist. Im besten Falle hilft es jedoch trotzdem, uns an das Thema heranzutasten und ein Gespür dafür zu entwickeln. Die Angst, den Kern des Evangeliums zu verlieren, hat viele mit Überlebenseifer in Verkürzungsdynamiken getrieben, die darauf ausgelegt sind, sich von anderen Strömungen stark abzugrenzen. Deshalb schärfte man die eigene Überzeugung immer noch weiter, wie ein Social-Media-Algorithmus, der mir immer mehr Content zeigt, der meine eigene Meinung stützt.

Es steht sich gut an, sich selbst zu fragen, zu welcher Verkürzung man persönlich den familiärsten Bezug hat. Denn die Blindheit für die eigenen blinden Flecke bestärkt, dass wild und oft absolut gut meinend am Evangelium gehobelt und gespitzt wird. Das Resultat: die perfekte Bleistiftspitze. Aber sie taugt nicht mehr zum Schreiben. Dafür fügt sie dem Gegenüber manchmal verletzende Stiche zu. Vielmehr jedoch als das vermeintlich »Falsche« der anderen sollte uns die eigene Einseitigkeit besorgen. Dadurch kann ebenso viel Schaden angerichtet werden.

Es sollte unsere Aufgabe sein, unsere eigenen Verkürzungen zu entlarven und uns zu einem ganzheitlichen Evangeliumsverständnis hinzubewegen.

Das ganze Evangelium für die ganze Welt – nichts weniger.

Ich benenne hier als Anstoß zum Selberdenken einfach einmal willkürlich ein paar Verkürzungen, die je nach Hintergrund unterschiedlich stark Verbreitung gefunden haben. Folgendes kann unheilsam verkürzt werden:

- Kirche auf ein Gebäude
- Gottesdienst auf ein Zeitfenster am Sonntagmorgen
- Worship auf Singen
- Das Gottesbild auf die eigene Erfahrung
- Bekehrung auf ein Gebet
- Evangelisation auf ein »Ich weiß ...«
- Reich Gottes auf ein ewiges Leben
- Heil auf eine rein individuelle und persönliche Sache

- Das Evangelium auf ein »Schuld, Vergebung, postmortale Ewigkeit«-Narrativ
- Sünde auf moralisches Vergehen
- Bußetun auf das Bekennen von Schuld
- Mission auf den Missionsbefehl in Matthäus 28
- Das Evangelium auf das Kreuz
- ...

Die Liste kann endlos weitergeführt werden und mit der Zeit mutet es fast schon ein wenig wie ein Spiel an. Tatsächlich aber führen einige Verkürzungen zu unseligen Resultaten. Deshalb möchte ich zur Verdeutlichung auf einzelne noch genauer eingehen. Ausgangspunkt ist die **Verkürzung des Evangeliums auf das Kreuz**.

Mit KREUZWEISE möchten wir den Blick auf das eröffnen, was alles rund ums Kreuz geschehen ist, und einladen, neu mit uns zu staunen und das eigene Herz bewegen zu lassen. Deshalb ist es uns wichtig, dass man nicht etwa auf das Kreuz reduziert, sondern durch das Kreuz auf alles blickt. Bei zahlreichen Veranstaltungen habe ich nun schon die Frage gestellt, was denn eigentlich das Evangelium sei, das Gute an der Guten Nachricht. Eine Antwort, die dabei immer aufgetaucht ist, ist das Kreuz. Die Tatsache, dass Jesus die Jünger schon vor seinem Tod mit dem *euangelium*, mit der »Guten Nachricht«, ausgesendet hat, darf jedoch zum Denken anregen. *Markus 16,15* Denn damals gab es noch gar kein Kreuz, aber trotzdem schon eine gute Nachricht. Auch hat er bereits vor seinem Tod und der Auferstehung gesagt: »Es ist vollbracht.« *Johannes 19,30* Das Evangelium ist folglich schon vor dem Kreuz in seinem Leben sichtbar geworden. Das Kreuz ist nicht alles – auch wenn ohne das Kreuz am Ende alles nichts ist.

Die **Reich-Gottes-Verkürzung auf eine jenseitige Dynamik** hat eine große Implikation auf unser Weltbild und unser Engagement für die Schöpfung. Es kann zu einer weltnegierenden und weltflüchtenden Haltung führen. Christus hat jedoch gesagt, dass das Reich von Gott bereits angebrochen ist – mitten unter uns, ja in uns. *Lukas 17,21* Reich Gottes ist mindestens ebenso diesseitig wie jenseitig und das gibt uns eine Verantwortung zur Gestaltung des Hier und Jetzt, nimmt den Bewahrungsauftrag der Schöpfung wahr. Dies hat eine hoffnungsvolle und weltbejahende Dynamik. Dabei den Blick für das Jenseitige zu verlieren, kann genauso verhängnisvoll sein wie umgekehrt. Aber unser Hier und Jetzt vom Blick an den Horizont geprägt zu leben, das Noch-nicht mit dem Schon-jetzt verschmelzen zu lassen, ist qualitativ wichtig für ein aktiv gelebtes Christsein.

Der deutsche Soziologe Max Weber hat schon vor über hundert Jahren bemerkt, dass man eigentlich alle großen religiösen Strömungen anhand der Prädikate weltbejahend oder weltnegierend und weltverändernd oder weltflüchtend in vier Quadranten aufteilen kann. Die Frage ist: In welchen Quadranten hältst du dich auf? Unser Weltbild ist abhängig von unserer Reich-Gottes-Theologie und deshalb haben eine Verkürzung und ein Rückzug in eine periphere Region starke Auswirkungen auf unser Hiersein und die Art, wie wir den Glauben ausleben.

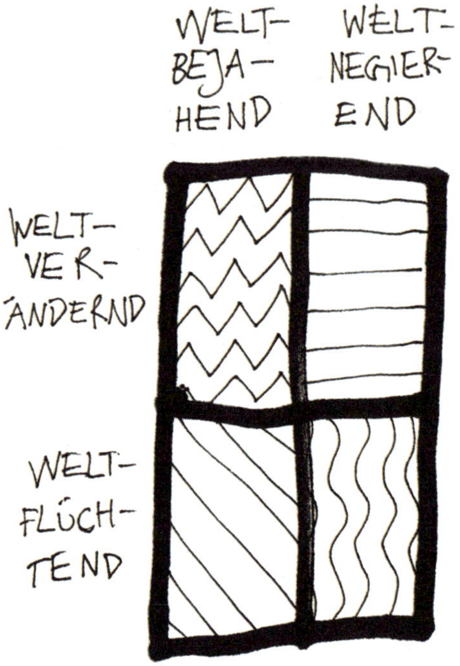

Ein wichtiger Knackpunkt scheint mir auch die **Heil-Verkürzung**: Oft werden Heil und Erlösung auf etwas rein Subjektives reduziert. Es wird nur noch persönlich gedacht, dabei ist es mindestens ebenso sozial, global und kosmisch. In einer seiner ersten öffentlichen Reden in der Synagoge von Nazaret *Lukas 4,16-21* bezieht Jesus die Prophetie aus Jesaja *Jesaja 61,1-3* auf sich. Er macht damit unmissverständlich klar, dass er gekommen ist, um den Armen das Evangelium zu predigen, den Gefangenen, dass sie frei sein sollen, den Blinden, dass sie sehen sollen, die Zerschlagenen in Freiheit zu entlassen und um das Gnadenjahr des Herrn auszurufen. Damit spielte er auf das Halljahr an, das fünfzigste Jahr im Zyklus des Volkes Israel. In diesem Jahr sollten Grund und Boden zurück an die ursprünglichen Besitzer gehen, Sklaven die Freiheit geschenkt bekommen und Schulden erlassen werden.

Tatsächlich hat Christus mit seinem Leben und Sterben eine umfassende Erlösung für alle, die nach Leben und Sinn dürsten, gebracht. Diese Erlösung geht über eine rein persönliche Dimension hinaus. Sie will auch soziale und globale Veränderungen bewirken, zum Beispiel Gerechtigkeit und Gleichstellung für Unterdrückte, Missachtete, Arme und Unfreie. Die Erlösung durch Jesus bezieht sich auf das ganze Spektrum menschlicher Sehnsüchte. Die Vergebung unserer Schuld gehört unbedingt dazu. Diesen Satz müsste ich wohl dick anstreichen und hervorheben, damit er nicht überlesen wird. Schuld ist aber nur ein Bestandteil seiner gewaltigen Erlösungstat am Kreuz, eines wahren Erlösungsfeuerwerks.

Die vielfältigen Komponenten der Erlösung wiederzuentdecken, ist wichtig, um ein kraftvoll relevantes Evangelium in seiner geballten Schönheit an die Welt zu verschenken. Verfolgt man die aktuellen Hashtags der letzten Jahre, erkennt man die Not, die wir als Gesellschaft haben: #savetheplanet, #metoo, #blacklivesmatter, #refugeecrisis oder auch #prayfor... nach Anschlägen und Naturkatastrophen. Die Welt schreit nach Gerechtigkeit und wir Christen zucken dabei oft nur gleichgültig mit den Schultern, weil wir das Gefühl haben, dass sei nicht Part vom großen göttlichen Deal – unser Spezialgebiet beschränkt sich auf die Ewigkeit. Tatsächlich aber ist in der »Antrittspredigt« von Jesus nicht wirklich was von Ewigkeit und Schuldvergebung zu hören. Wir haben den Auftrag, durch Christus die selbsterfahrene Gerechtigkeit in die Welt hineinzutragen: »Schafft Recht den Schutzlosen und Waisen; sorgt dafür, dass den Unterdrückten und Armen Gerechtigkeit zuteil wird!« *Psalm 82,3**

In Micha werden zudem drei Dinge aufgezählt, die wir tun sollen: »Recht tun, Güte lieben und achtsam mitgehen mit deinem Gott«. *Micha 6,8*** An so vielen Stellen in Gottes Wort kommt uns diese göttliche Gerechtigkeit entgegen als etwas, das untrennbar mit dem Reich Gottes verbunden ist und sich deshalb dort ausbreiten sollte, wo wir uns bewegen. Genau deshalb müssen wir als Kirche die Stimme erheben, wo Menschen unterdrückt werden und leiden. Mehr noch: Wir dürfen von Jesus lernen, Menschen in ihr Recht hineinzutragen und sie mit dem wohlmeinenden Gott in Verbindung zu bringen.

+++

Jesus' Antrittspredigt ist ein Shout-out für Gerechtigkeit, die er selbst verkörpert. Eine Stimme für die Sprachlosen, die Marginalisierten, die Unterdrückten und Ausgegrenzten. Und nein, wir werden nicht erleben, wie diese Gerechtigkeit unseren Planeten überziehen wird, wie der Schokolade-Kaffee-Kokos-Guss meines legendären Schokolade-Kaffee-Kokos-Blechkuchens, den ich manchmal für Kindergeburtstage backe. Aber das darf uns nicht davon abhalten, das Evangelium in seiner Ganzheit zu verkündigen und ihm entsprechend die Welt zu gestalten. Denn am Ende, ganz am Ende, wird es doch so kommen – dann wird es aber nicht wirklich das Ende sein, sondern der Anfang von etwas ganz Neuem. Von dem Duft, den wir ansatzweise jetzt schon manchmal riechen können. Von der Melodie, die mit ihren betörenden Klängen jetzt schon manchmal aus der anderen Welt in unsere hineindringt. Von den Farben, die den Nordlichtern gleich am Horizont ein unbeschreibliches Spektakel malen, das einen sprachlos und zugleich sehnsüchtig werden lässt.

Alle Dimensionen dieser Erlösung selbst zu fassen und abzubilden, wäre ein massiver Gamechanger für unsere Christenheit und für unsere Weltgesellschaft. Würden wir das Evangelium ganzheitlich verstehen und leben, würde das dem christlichen Glauben einen enormen Attraktivitäts- und Glaubwürdigkeitsschub versetzen. Dabei kommen wir aber um theologische Denkarbeit nicht herum.

Nehmen wir als Beispiel einmal die **notwendige »Entkürzung« des Begriffs »Sünde«**. Oft geht es uns bei Sünde nur noch um moralische Vergehen. Dabei bedeutet Sünde im Ursprung: Zielverfehlung. Das Ziel war der große, allumfassende Schalom Gottes. Unser Beziehungsnetzwerk sollte in diesem Frieden ruhen – was es durch den Bruch per se nicht mehr tut. Buße als angebrachte Reaktion darauf ist eben nicht nur ein Benennen meines moralischen Fehlverhaltens, nicht nur eine Beichte und auch nicht nur dieses berühmte Übergabegebet. (Mini-Exkurs: So ein Gebet habe ich persönlich auch gebetet – mehrfach – und es hat mir geholfen und gutgetan. Ich bin deshalb überhaupt nicht gegen diese Form von Gebeten!)

Vom Urgedanken her ist Buße ein Umsinnen, ein Umdenken, ein Paradigmenwechsel. Buße ist die Hinwendung zu Gott, ein Heimkehren. So war der Aufruf zum Kreuz, den Charles Finney im 19. Jahrhundert bekannt gemacht hat, sehr viel ganzheitlicher, als er heute oft nachgelebt wird. Wer diesem Aufruf damals gefolgt ist, musste gleich auch unterzeichnen, dass sie oder er ab sofort gegen Sklaverei aufsteht. Menschen damals bereuten ihre persönlichen Sünden sowie ihre Mitschuld am strukturellen Übel. Und als sie sich die Tränen aus den Augen gewischt hatten, bekamen sie von Finney einen Stift in die Hand gedrückt, und er wies sie auf die Unterschriftenlisten für die Abolitionistenbewegung hin, eine Bewegung zur Abschaffung der Sklaverei.[29] Dort hat ein echter Paradigmenwechsel, eine echte Bekehrung im Sinne einer Umkehr von alten Lebens- und Überzeugungsgewohnheiten, stattgefunden.

Viele Christinnen und Christen spüren, dass das Evangelium in der von ihnen verkürzten Form irgendwie nicht mehr ganz so greift – weder in ihrem Inneren noch in die Gesellschaft hinein. Es steht ein Umbruch an, der zu einem Aufbruch werden kann.

✝✝✝

Unser Hauptnarrativ war in den letzten Jahrzehnten stark von einem **Dreiklang** geprägt: **Sünde, reduziert auf moralische Schuld – Vergebung – postmortale Ewigkeit**. Diese Erzählart ist nicht falsch – genau wie auch die anderen Verkürzungen nicht. Sie ist zutiefst biblisch begründet, aber eben stark verkürzt. Im letzten Jahrhundert hat dieser Aspekt des Evangeliums perfekt gegriffen. Er konnte bei der Lebenswelt und den Bedürfnissen der Menschen anknüpfen, weil die Menschen stark schuldgeprägt waren. Sie haben sich nach jemandem gesehnt, der ihnen vergibt. Auch war nach zwei Weltkriegen eine weltflüchtende Form der Hoffnung auf das Leben nach dem Tod verständlich. Immer wieder wurden Stimmen auch unter Soziologen laut, dass wir in der jüngsten Geschichte durch einen massiven gesellschaftlichen Umbruch und Wandel gegangen sind. Ein Hauptpunkt dabei ist, dass wir uns in Europa von einer starken Schuldprägung zu einer Kultur gewandelt haben, die nun vermehrt auch durch Scham geprägt ist. Und dies verändert vieles. Werte werden nicht mehr durch absolute Fixpunkte bestimmt, sondern durch die Zugehörigkeit zu einer Gruppe. Bei den Psychologinnen Margaret Mead und Ruth Benedict klingt das so: »Ein schuldorientiertes Gewissen kennt einen absoluten moralischen Standard, während ein schamorientiertes Gewissen sich an der Moral der Gruppe orientiert.«

Dies führt dazu, dass unsere jetzige Generation Wertekombinationen schafft, die für eine Vorgängergeneration sehr irritierend anmuten. Dr. Tobias Faix nennt dies in seinen Studien »Wertesynthese«. Es gibt nicht etwa einen Wertezerfall aufgrund einer Generation, die keine mehr hat – es werden einfach für andere widersprüchliche Werte miteinander vereint. Ich nenne es das »Heute für die Umwelt protestieren mit Greta, morgen Pizza futtern auf Kreta«-Phänomen.

Eine Kostprobe davon hatte ich auf einem Rückflug von Barcelona nach Zürich, als sich ein junger, auffällig nervöser Österreicher auf seinen Sitz neben mir drapierte. Um meinen sanften Groll über die Abflugverspätung zu verdrängen und ihn von seiner offensichtlichen Flugangst abzulenken, startete ich eine Konversation. Ich sprach ihn auf seine Tattoos am linken Arm an. Bereitwillig zeigte er mir das riesige Konterfei von Maria, ein überdimensionales Kreuz, den Schriftzug »blessed« und eine Friedenstaube. Auf meine Frage: »Hast du irgendwie einen Bezug zum Glauben?«, reagierte er verdutzt, um mich dann mit leicht angewinkeltem Kopf schräg von der Seite zu mustern und sie mit einem unbedarften »Nein, überhaupt nicht« zu quittieren. In die Kirche habe er noch kaum je einen Fuß gesetzt, und ob Gott überhaupt existiere, sei fraglich – wobei: »Doch, wahrscheinlich gibt es da oben schon jemanden oder etwas.«

Ich erlebte seine innere Reise mit: In wenigen Sekunden vom Atheisten zum Vielleicht-doch-Glaubenden. Eine Mischung aus faszinierender Irritation ließ mir mein Gesicht kurz entgleisen, und ich konnte glucksende Kicherlaute nicht unterdrücken. Ich erklärte ihm, dass ich die zwei Dinge in meinem Kopf nicht zusammenkriege: auf der einen Seite unmissverständlich religiöse Tattoos, auf der anderen Seite herzlich wenig Glaube. Wobei das keineswegs despektierlich gemeint sei, sondern nur um Verständnis ringend. »Für mich ist es, als würdest du dir Gesichter von Spielern des *FC Bayern München* und einen Fußball in den Clubfarben tätowieren lassen, um mir dann auf die Frage, ob du Fußballfan bist, zu antworten: ›Oh Gott, nein, überhaupt nicht. Ich kenne weder Spieler noch Trainer, mag eigentlich sowieso nur Hockey und habe noch nie einen Fuß in ein Stadion gesetzt.‹« Daraufhin brach mein Gegenüber in Lachen aus. Herzhaft und ertappt. Er krempelte sein Hosenbein hoch und zeigte mir auf dem Fußrist ein weiteres Tattoo: »God's Plan« prangte da in verschnörkelten Lettern. »Weil's schön ist.«

Mein Flugzeug-Sitznachbar ist für mich zum Inbegriff für eine Generation geworden, die scheinbar unvereinbare Dinge mit spielender Leichtigkeit zusammenkriegt. Werte werden generell umgeschichtet und so wird »Authentizität« zur neuen Wahrheit. Der kanadische Philosoph Charles Taylor spricht vom »Zeitalter der Authentizität«. Eine Person kann lügen, betrügen und unmoralisch leben, aber man hört: »Hauptsache, sie ist echt und sie selbst!« Die »Richtig-oder-falsch-Frage« hat der »Ist-es-echt-Frage« Platz machen müssen. Und Werte werden durch das eigene »Rudel« definiert, weil in einer Schamkultur die Zugehörigkeit und das Nicht-abgelehnt-Werden einen viel höheren Stellenwert haben, als in einer Schuldkultur, wo es darum geht, das Richtige zu tun. Menschen sagen in einer stärker schambehafteten Kultur nicht mehr: »Ich mache Fehler«, sondern: »Ich bin ein Fehler«.

Diese Entwicklung wird zutiefst befeuert durch Social Media. Dort wird man ständig mit der schön gephotoshoppten Schaufensterwelt des Freundeskreises konfrontiert, die dann auf die eigene innere Zerbrochenheit, den Backstage-Bereich des eigenen Lebens, trifft. Menschen suchen deshalb nicht mehr primär nach einem »Vergeber«, sondern nach einem »Entschämer«. Sie suchen jemanden, der sie in ihren Minderwertigkeitsgefühlen, in ihrem »Ich bin nicht genug«-Denken, annimmt und bedingungslos liebt. Natürlich sind Sünde in Form von Schuld und die benötigte Vergebung nach wie vor eine Realität – nur dockt dieser Aspekt des Evangeliums kaum mehr an der Lebensrealität der Menschen an.

Das erinnert mich an den *Mars Climate Orbiter*, eine Sonde der US-Raumfahrtbehörde NASA. Sie wurde für 193 Millionen US-Dollar produziert und war zehn Monate unterwegs, um den Mars zu erforschen. Dummerweise haben zwei involvierte Parteien mit verschiedenen Systemen gerechnet – die einen im metrischen, die anderen mit Fuß und Inch. Resultat: Die Sonde verglühte beim Eintritt in die Marsatmosphäre, weil weder Geschwindigkeit noch Eintrittswinkel gepasst haben. Genauso verpufft unser auf Schuld und Vergebung verkürztes Evangelium, wenn es in die Atmosphäre von stärker schambehafteten Menschen tritt. Wir rechnen und denken in verschiedenen Systemen und die Gute Nachricht hat keine Möglichkeit, auf dem »Planeten« zu landen und anzudocken. Für die Christinnen und Christen ist die Folge davon eine gefühlte Sprachlosigkeit, die wir nur dadurch beheben können, dass wir uns selbst wieder auf die Reise machen und die wunderbar heilsame Frage stellen: Was – um Himmels willen – ist eigentlich das Gute an der Guten Nachricht? Oder anders gefragt: Was sonst noch ist gut an der Guten Nachricht, das bei der heranwachsenden Generation und nach den Umschwüngen in der Gesellschaft wieder eine Resonanz zu erzeugen vermag?

†††

Das Evangelium geht weit über unsere Verkürzung hinaus. Und das ist die wunderbare Neuigkeit: Es gibt so viele Anknüpfungspunkte für die heutige Gesellschaft. Christus' Erlösungstat hat uns genauso aus Scham und Angst befreit wie aus Schuld. Und da bilden sich nun Andockstellen für Menschen aus allen Kulturkreisen quer durch die Geschichte hindurch. Nur müssen wir lernen, wieder die ganze Klaviatur zu bespielen und nicht nur penetrant unsere persönliche Lieblingstaste zu bedienen.

Hierzu möchte ich anmerken: Die bekannten Kulturdynamiken Schuld, Angst und Scham lassen sich nicht einfach klar abgrenzen und Schuld und Scham stehen oft auch in einem inneren Zusammenhang. Deshalb trägt diese Gedankenrichtung nicht allzu weit, ist vor allem nicht einfach der neue Passepartout für erfolgreiche Evangelisation; sie hilft aber sicher, um einige Themen einmal überhaupt erst aufzubrechen. Gleichzeitig ist mir wichtig, hier gesagt zu haben, dass ich an keinem Punkt Sünde verharmlose. Ich verstehe Sünde als das Urproblem dieser Welt, als die Trennlinie, die zwischen Gott und uns eingezogen worden ist und unter der wir und mit uns die gesamte Schöpfung ächzen und stöhnen. *Römer 8,22* Wir können wohl nicht annähernd ermessen, was für eine brachiale Zerstörungskraft diese Ursünde in unsere Welt hineingetragen hat, mitunter ausgelöst durch die Gottesabwesenheit in unseren Leben und in Systemen, die ein unbefriedetes Vakuum hinterlassen hat. Gleichzeitig sind aber Gottes Gnade und die Versöhnungskraft seiner Erlösungstat ungleich größer in ihrer Wiederherstellungsfähigkeit.

Christus hat uns am Kreuz nicht nur von unserer Schuld erlöst, sondern ein wahres Erlösungsfeuerwerk gezündet. Das Leben, das Sterben und die Auferstehung von Jesus bilden zusammen eine gute Botschaft, die aus vielen verschiedenen guten Botschaften besteht. Es ist also wohl weniger ein Evangelium und vielmehr mehrere »Evangelia«. (Ja, ich hatte mal Latein, womit ich mir aber in keinem Land der Welt ein Glas Wein bestellen kann – nicht mal in Lateinamerika.) Sie alle zeigen den einen Jesus, wie er individuell an die einzelnen Sehnsüchte der Menschen anknüpft und auf sie eingeht.

Einem Zachäus in seiner Einsamkeit begegnet er mit Nähe und Freundschaft. *Lukas 19,1-10* Der gekrümmten Frau in ihrer Beschämung schenkt er Würde. *Lukas 13,10-17* Mit der Frau am Brunnen spricht er über ihren Durst nach echtem Leben. *Johannes 4,1-41* Einen Nikodemus holt er in seiner Suche nach dem Sinn des Lebens ab. *Johannes 3,1-21* So oft verliert Jesus kein einziges Wort zum Thema Schuld und Vergebung. Diese Thematik spricht er nur dann an, wenn er spürt, dass es dran ist, zum Beispiel beim gelähmten Mann am Teich Bethesda *Johannes 5,1-18* oder im Nachgespräch mit der Ehebrecherin *Johannes 8,1-11*. Seine unterschiedlichen Handlungen sind genauso wenig austauschbar wie seine Heilungen oder seine Gespräche. Situativ hat Jesus seine Zugänge gewählt und individuell in die vorhandenen Sehnsüchte hineingesprochen.

Genau diesen Jesus mag ich so sehr. Wenn wir das genauso beherzigen, schaffen wir Landebahnen für das Evangelium bei Menschen, die beim Wort »Schuld« keinen Regungspunkt verspüren. Dadurch ergeben sich bei unseren Mitmenschen Momente der Umkehr und der Hinwendung zu Gott, weil sie in ihren Sehnsüchten Gottes Erlösungsdynamik erfahren. Und wir selbst finden vielleicht auch wieder eine neue Andockstelle für unsere eigenen Sehnsüchte.

Um die Komplexität dieser Welt und auch die der christlichen Großerzählung zu greifen, bemühen wir uns um griffige Simplifizierung. Das ist nicht grundsätzlich falsch. Viele Reduktionen können helfen, sich der Komplexität mancher Themenbereiche überhaupt annähern zu können, geschweige denn einen Zugang zu und einen Umgang mit ihnen zu finden. Unglücklich wird es dann, wenn wir bestimmte Denkprozesse nicht machen. Ich komme manchmal beim Durchdenken von Themen wieder zum selben Schluss, aber habe eine weite Wegstrecke zurückgelegt. Dies ist nicht etwa eine unnötig gedrehte Runde, sondern ein Landen in der »höheren Naivität«, wie es Dr. Ralph Kunz, Professor der Theologischen Fakultät Zürich, nennt.

Ebenso gibt es bestimmte Bilder, die uns durch ihre vereinfachte Form helfen, etwas besser greifen zu können. Die Bibel ist voll davon. Auch könnte man Gottes Menschwerdung in Christus als eine Form von Simplifizierung seiner Schöpfergestalt bezeichnen. Er tat es aber, damit wir in Christus dem Wesen von ihm auf die Spur kommen können. Jesus Christus, der Gekreuzigte, ist aber nicht wirklich eine Simplifizierung, eine Reduktion des Göttlichen, solange wir nicht nur fokussiert auf ihn und das Kreuz starren, sondern alles durch Jesus Christus, den Gekreuzigten, anschauen. Denn bei und in ihm kommt alles zusammen und eröffnet sich uns alles.

Das Sterben von Jesus ist nur verstehbar, wenn die zwei Seiten sich begegnen: sein Leben und seine Auferstehung. Das Nahekommen Gottes, das Ausgießen des Evangeliums durch sein gelebtes Vorbild, das Sichtbarwerden von Gottes Liebe bis hin zu seiner Selbstaufgabe am Kreuz und dem Überwinden des Todes und des Bösen – all das erzeugt erst das richtige Bild. Gleichzeitig ist auch das Leben nur von seinem Sterben her im ganzen Ausmaß verstehbar.

+++

Es ist heilsam, uns selbst aus dem Ungleichgewicht unserer Verkürzungen in die Balance zu bewegen und dabei die aufgrund der eigenen Einseitigkeit vernachlässigten Aspekte der Erlösung nicht als Feindbild, sondern als Ergänzung zu sehen. Ohne dabei – und das schreibe ich mit allem Nachdruck – die Wichtigkeit der persönlichen Erlösung und Errettung durch Christus abzuschwächen. Es geht nicht um ein neues Evangelium, sondern darum, das Evangelium in seiner Fülle neu zu entdecken, in all seinem oft in Vergessenheit geratenen Facettenreichtum. Es geht beim Evangelium also nicht darum, etwas zu verlieren, sondern vielmehr wird längst Verlorengegangenes wieder neu entdeckt und belebt. Die Kreuzestat verblasst nicht etwa, sondern wird ungleich farbiger und kraftvoller. Das Evangelium kann in seiner ungebremsten Schönheit und Wahrheit in unserer Welt aufstrahlen. Die richtige Bewegung ist darum hoffnungsvoll nach vorn orientiert – hinein in ein Revival eines ganzheitlichen Evangeliums.

Wenn du in einem Bereich deines Glaubens oder deines Lebens ein Spannungsseil zu viel gekappt hast und nun spannungslos in der Einseitigkeit baumelst, würde ein Versuch, wieder zurück in den Sattel zu kommen, vielleicht richtig guttun. Und: Falls dein Evangelium zu »kurzstummelig« geworden ist, um es zu halten, geschweige denn, um anständig damit zu schreiben, ist es vielleicht Zeit, diese Reise zurück zum ganzen Evangelium zu machen, das Christus mit jeder Pore verkörpert hat. Zeit, der Welt nicht mehr zu verwehren, was Gott ihr eigentlich in seiner Gnade zugedacht hat – Erlösung vom Zehennagel bis zum Haarspitz, vom Marianengraben bis zum Gipfel des Mount Everest, von der Erde bis zum blauen Gigant Icarus mit offiziellem Namen *MACS J1149 Lensed Star 1*. Und weit darüber hinaus.

DURCHS *KREUZ* BLICKEN

✝

Nun sind wir an dem Punkt gelandet, auf den wir – mit vielen kleinen und großen Ausflügen, mit Umwegen und vielleicht auch gefühlten Sackgassen – von der ersten Zeile dieses Buches abzielten: den Blick durchs Kreuz. Durch Christus, den Gekreuzigten.

Nur Jesus anzuschauen – wie es manchmal umgangssprachlich salopp formuliert wird –, um zu sehen, was er sagt und tut, wie er reagiert, wird manchen Situationen nicht gerecht, da dieses Vorgehen versucht ist, den kontextuellen Sachverhalt zu ignorieren. Den von damals genauso wie den von heute. Der Blick durchs Kreuz bringt Christus auf Grundlage des göttlichen Großnarrativs in Zusammenhang mit den biblischen Ereignissen, genauso wie mit unserer eigenen Lebenswelt. Die Welt muss durch das Kreuz blickend verstanden, das Leben durch das Kreuz blickend gelebt werden.

Durchs Kreuz zu blicken, schenkt mir eine veränderte Perspektive, erweitert mein Handlungsrepertoir. Ganz konkret hat mir in Situationen, die ich nicht so richtig einordnen konnte oder die mir suspekt waren, gerade in Begegnungen auch mit Christen aus anderen Frömmigkeiten die Frage geholfen: »Wo in dem drin bist du, Gott?« Ich war über die Jahre immer wieder mal an Orten, an denen ich aufgrund meiner eigenen Historie falsche Glaubenshandlungen auszumachen meinte. Auf mich »falsch« anmutende Gebetsformen oder skurril ausgelebte Glaubensüberzeugungen. Auf meine suchende Frage nach Gott in diesen Momenten wurde ich immer wieder fündig. Dabei habe ich gelernt, dass Gottes Anwesenheit nicht einmal eine Zustimmung zu all dem sein muss, was wir als Christen an unterschiedlichsten Orten tun und glauben. Sondern dass es vielmehr ein Ausdruck seiner Großherzigkeit und seiner Sehnsucht nach uns Menschen ist. Die Frage »Wo in dem drin bist du, Gott?« ist ein ehrlicher Ausdruck der Kapitulation, Gott, seine Wirkungsweise und den Ort seines Wirkens auf mein Verstehen zu begrenzen versuchen. So habe ich durch das Kreuz blickend immer wieder darüber gestaunt, wo Gott für mich unerwartet aufgetaucht ist.

Eine weitere Frage kann hilfreich durchs Kreuz blickend mein Verhalten durchleuchten: »Vertieft das, was ich tue oder sage, die Liebe von meinem Gegenüber zu Christus?« Und: »Lässt es meine eigene Liebe zu Christus wachsen?« Oder auch: »Ist das, was ich tue oder sage, der beste Ausdruck meiner Liebe zu Jesus?« Natürlich sind solche Fragen kein Keksförmchen, durch das der gesamte Glaubensteig gedrückt werden muss. Aber gerade dort, wo mit starken Überzeugungen heftige Diskurse geführt werden und die Grenzen von »für etwas kämpfen« und »gegen jemanden kämpfen« verschwimmen, während sich parallel dazu verletzende Lieblosigkeit breitmacht, kann diese Frage helfen, fünfe gerade sein zu lassen. Sie hilft mir, mein eigenes Tun und Handeln zu durchleuchten und immer mal wieder anders zu reagieren, als der erste Impuls es vielleicht erzwingen möchte.

Die faszinierende Tatsache ist, dass ich mich dem Kreuz nähern muss, um einen größeren Horizont zu erhalten. Wenn ich mich in meiner Box sitzend einigle, um von ganz hinten durch die Öffnung nach außen zu schauen, erschließt sich mir nur die kleine Fläche hinter der Öffnung. Je mehr ich mich jedoch dieser Öffnung nähere, desto weiter wird mein Blickwinkel und der dadurch erschlossene Horizont. Genauso ist es auch im Glauben. Es mag verschiedene Gründe geben, in meiner Box sitzen zu bleiben. Oder das Kreuz nur aus der Distanz zu betrachten: »Es ist mir leicht suspekt; ich mag einige Metaphern nicht, die mit dem Kreuz verknüpft sind; es scheint mir nicht ganz so wichtig; ich wage mich nicht zu nah ran, weil ich es nicht verstehe; es ist mir zu blutig oder zu einfach ...«

Wenn ich das Kreuz aber nur aus der Ferne betrachte, wird sich mir nie die dahinterliegende Dimension erschließen. Das, was durch das Kreuz erst möglich geworden ist. Genau deshalb war es uns wichtig, mit KREUZWEISE unseren Blick auf das Kreuz, auf diesen Christus, den Gekreuzigten, und vor allem auch auf einzelne Personen zu lenken, die von der Kraft erfasst worden sind, die vom Kreuz und von Christus ausgeht.

Gerne überlasse ich noch einmal dem großen Schriftsteller und Apologeten C. S. Lewis das Wort: »Ich glaube an das Christentum, so wie ich glaube, dass die Sonne aufgegangen ist – nicht nur weil ich sie sehe, sondern weil ich durch sie alles andere sehen kann.«[30]

Diese Aussage ist adaptierbar auf Christus – dass er als Licht der Welt Dinge erhellt, sodass ich sie überhaupt erst sehen kann. Und was ich dabei durchs Kreuz geschaut erblicke, ist ein stimmiges Narrativ, eine überzeugend verzahnte Großerzählung der Weltgeschichte, die mich glauben lässt. Das Bild von einem sehnsüchtig liebenden Gott. Von einer erlösungsbedürftigen Schöpfung. Auch wenn viele Fragen ungeklärt bleiben werden, manche Spannung konstituierend stehen bleibt, sehe ich am meisten Sinn und eine stimmige Verwobenheit beim Blick durchs Kreuz – als hätte jemand in einem dunklen Raum eine Kerze angezündet.

Ein anderer großer Apologet, G.K. Chesterton, bemisst den Wert einer Theorie – eines Gedankenkonstrukts zur Erklärung der Welt – an dem Ausmaß an Erhellung, die sie mit sich bringt. Zudem an dem Maß, wie sie dem, was wir in unserer Welt erfahren und erleben, Rechnung trägt.

»Wir setzen uns eine Theorie auf wie einen Zauberhut und die Geschichte wird durchsichtig wie ein Glashaus.«[31]

Das Kreuz als »Zauberhut« aufgesetzt malt ein Weltbild, in das ich das existenzielle Böse, das menschlich Böse, die Fähigkeit des Menschen, Gutes zu tun, und das universelle Versöhnungswirken Gottes einbetten kann. Es erklärt mir stimmig, was der Zustand der Welt und derjenige von uns Menschen ist. Es erklärt mir mich selbst. Lässt die Wände der »Sinn des Lebens«-Schachtel durchsichtig werden. Lässt diese Schachtel überhaupt erst existieren. Und malt mir einen Gott vor Augen, den ich nicht vollends durchschaue, aber der in den Bereichen, in denen ich ihn sehe, so wunderbar schön, so überfließend liebend ist, dass es mir genügt, um mich ihm hinzugeben und seine Königsherrschaft mit Freude zu bestätigen.

†††

Ich hoffe, dass dir KREUZWEISE einen neuen Blick aufs und durchs Kreuz ermöglicht hat – genau wie es mir ergangen ist. Meine Erfahrung ist, dass man manche Dinge nicht einfach so sieht, sondern dass man lernen muss, sie zu sehen.

Als ich als Teenager die 90er-Jahre durchlebte, gab es gerade eine Phase, in der die Buchreihe *Das magische Auge* populär war. Die Bücher beinhalteten verschiedene Bilder, die auf den ersten Blick einfach nur aus farbigen Mustern bestanden. Tatsächlich waren es aber computergenerierte Bilder, auf die dasselbe Bild noch einmal gelegt wurde – aber um einige Bildpunkte versetzt oder verfärbt. Dies führte bei der Betrachtung dazu, dass das Gehirn ein dreidimensionales Bild erzeugte. So die Theorie jedenfalls. Nur: Bei mir funktionierte das anfänglich überhaupt nicht. Da saßen meine Freunde in der großen Pause über das Buch gebeugt, sahen Hasen, Haifische und Flugzeuge. Und ich sah nichts.

Ich habe mir dann Bücher ausgeliehen und zu Hause beinahe bis zur Verzweiflung geübt. Mit rot geränderten Augen starrte ich auf diese Farbmuster, bis die Tränen kamen und alles verschwamm. Als ich bereits nicht mehr wirklich damit gerechnet habe, stellte sich der Erfolg unerwartet doch noch ein. Dank leichtem Schielen sah ich das 3-D-Bild kurz aufflackern. Ich kann mich nicht mehr erinnern, ob ich diese Schieltaktik bewusst ausprobiert habe oder ob ich nach stundenlangem Starren einfach nicht mehr geradeaus gucken konnte. Fakt war: Die Endorphine flossen in einer Dimension, die im Direktvergleich selbst den Rheinfall wie ein kleines Straßengrabenrinnsal erscheinen ließen. Ich hatte Blut geleckt und übte weiter, bis ich am Ende das 3-D-Bild innerhalb von Sekunden wie auf Knopfdruck erzeugen konnte. Damit ließ sich so ein Buch dann in wenigen Minuten einfach durchblätternd betrachten.

Mit dem Kreuz ist es genauso – wer da einfach nur von Weitem draufstarrt, dem scheint es sinnlos, nutzlos, ähnlich wie ein Bild in *Das magische Auge* – eine willkürliche Ansammlung von Farben und Mustern. Wer sich aber die Zeit nimmt, es genauer zu betrachten, wird es plötzlich sehen können. Und durch das Kreuz wird sich alles andere erhellen, als wäre die Sonne aufgegangen.

Paulus sagt, dass die Botschaft des Kreuzes je nach Betrachtungsweise etwas völlig Gegensätzliches sein kann. *1. Korinther 1,18* Für die einen ist es eine »Torheit«, für die anderen wird es zur »Gotteskraft«. So ein Buch mit 3-D-Bildern ist auf den ersten flüchtigen Blick auch nichts anderes als eine »Torheit«, etwas Unsinniges. Wenn wir uns aber Zeit nehmen, es richtig zu betrachten, eröffnet sich uns der Blick in die dahinterliegende Dimension und auf wunderschöne Bilder und Erzählungen.

So auch diejenige von Bartimäus, der biblisch ebenfalls rund um die Kreuzigung auftaucht. Kurz vor seinem lebensverändernden Tag war Jesus mit seinen Jüngerinnen und Jüngern in Jericho. Als sie die Stadt verlassen wollten, hörte ein Bartimäus, was auf Aramäisch »Sohn des Timäus« bedeutet, dass dieser Jesus in der Nähe vorbeiging. Zweifelsohne hatte er schon viele Geschichten über Jesus gehört, dass er revolutionäre Dinge predigte und Wunder tat. Also schrie er laut nach ihm und wurde von den Umstehenden harsch zurechtgewiesen, er solle schweigen. Das veranlasste ihn jedoch nur dazu, sich noch lauter zu verausgaben. Mit Erfolg: Jesus hörte Bartimäus' Gebrüll, ließ ihn herholen und fragte ihn, was er wolle. »Rabbuni, dass ich sehend werde« *Markus 10,51*, war seine Antwort, worauf ihn Jesus aufgrund seines Glaubens heilte. Und Bartimäus begann ihm sofort nachzufolgen.

Was für ein Wunder – ein blinder Mann kann sehen! Ich kann nur erahnen, wie überwältigend die Eindrücke für Bartimäus gewesen sein müssen – all die Farben, die Menschen, die Welt. Und dann diesen Jesus vor Augen, von dem er so viel schon gehört hat, so viele unglaubliche Wundertaten, die man sich auf der Straße weitererzählt hat. Und nun kann er es endlich selbst sehen, kann es selbst erleben, ist aus nächster Nähe mit dabei und muss sich nicht nur alles immer erzählen lassen.

Nur: All das bleibt Bartimäus verwehrt. Denn was er nicht weiß, ist: Sein neuer Meister ist bereits am Ende seiner Wirkungszeit angekommen und in die letzten Tage vor dem Kreuz eingebogen. Euphorisiert ist er wohl dabei, als sein Meister kurz nach dem Wunder wie ein König gefeiert und mit Palmblättern bewedelt auf dem Esel in Jerusalem einzieht. Aber das war's dann auch schon. Bartimäus erlebt keine Speisung von Tausenden, kein »Auf dem Wasser«-Gehen und kein »Wasser in Wein«-Verwandeln. Das Maximum war gerade noch ein verfluchter Feigenbaum, der keine Früchte mehr trägt. Wohl so mittelmäßig ermutigend, als Einladung zur Nachfolge und als Kernereignis seines Jüngerschaftsprozesses. Es muss sich angefühlt haben, als würde man viel zu spät bei der Hochzeitsfeier von Freunden aufschlagen – die Gäste sind schon gegangen, die Torte ist gegessen und man sieht nur noch die Rücklichter vom Brautpaar, das in Richtung Flitterwochen durchstartet, während sich der alkoholisierte Onkel nebenan in den Büschen übergibt.

Bartimäus wird sehend und alles, was er sieht, nachdem er wohl ein paar Tage benötigt hat, um überhaupt mit der Flut an neuen Sinneseindrücken klarzukommen, ist: Christus am Kreuz. Aber genau das reicht. Würde es nicht reichen, hätte Jesus die Augen von Bartimäus schon viel eher heilen müssen. Aber dieser Christus, der Gekreuzigte, ist genug. Er ist es, auf den wir immer wieder unseren Blick richten dürfen, wofür Gott uns unsere Augen öffnen muss. Wir dürfen lernen, durch ihn und das Kreuz alles zu sehen.

†††

Ich fühle mich sehr mit dem ehemals blinden Bartimäus verbunden – denn oft blicke ich nicht durch. Bin ich der Blinde, bin ich nicht sehend. Bei ***Das magische Auge*** genauso wie in verschiedenen Situationen in meinem Leben und Glauben. Und genau wie Bartimäus bin ich manchmal überfordert von all dem Geschrei, das wir veranstalten, oder von irgendwelchen Palmwedeln und ich habe das Gefühl, ich sehe einige Esel. Aber da ist auch er. Christus, der Gekreuzigte. Und ihn zu erblicken, reicht.

AMEN – SO SEI ES

Was siehst du, wenn du durchs Kreuz und durch Christus auf dein Leben blickst? Wenn du durch ihn die Welt und Gott betrachtest? Wo hast du diese Erfahrung von Veränderung schon einmal gemacht? Wo diese Gottesnähe und seine Präsenz erfahren? Wo ist deine Gottesbeziehung ein Bestandteil von einem sehnsüchtigen Warten?

Es lohnt sich, Gott nicht aufzugeben und nach ihm zu suchen. Denn Gott ist ein Gott, der sich finden lässt: »Ihr werdet mich suchen und finden; denn wenn ihr mich von ganzem Herzen suchen werdet, so will ich mich von euch finden lassen.« *Jeremia 29,13-14* Vielleicht suchen wir dabei manchmal auch an Orten, wo es nichts zu finden gibt – einfach, weil es bequem ist. In seinem Buch *Anleitung zum Unglücklichsein* schreibt Paul Watzlawick über die Suche nach einem Schlüssel. Unter einer Straßenlaterne sucht ein Betrunkener verzweifelt nach etwas. Ein Polizist stößt zur Szenerie dazu und fragt ihn, was er denn verloren habe, worauf der Mann antwortet: »Meinen Schlüssel.« Der Polizist beteiligt sich erfolglos an der Suche, bis er schließlich wissen will, ob der Mann denn sicher sei, dass er seinen Schlüssel genau hier verloren habe. Der Betrunkene entgegnet: »Nein, nicht hier, sondern dort hinten – aber dort ist es viel zu finster.«

Watzlawicks Geschichte legt damit wohl ihren pointierten Finger bei vielen von uns sehr schmerzhaft auf den wunden Punkt unserer Gottessuche. Wir haben ein ungefähres Bild, wonach wir suchen – aber Gott lässt sich nicht immer gleich auf Anhieb finden! Und weil man dann nicht die schmerzhaften und vielleicht manchmal schwierigen oder gar beängstigenden Fragen stellen möchte, weil man da mit den Antworten im Dunkeln tappen könnte, begnügt man sich mit den Bereichen, die einem hell und erleuchtet erscheinen. Ohne dabei fündig zu werden. Die wichtigste Frage ist deshalb:

Wo genau suchst du?

Und was genau erwartest du dort zu finden? Oder konkret: Was gibst du Gott die Möglichkeit, für dich zu sein?

Karl Barth hat einst über die Bibel gesagt: »Wir werden in ihr immer gerade so viel finden, als wir suchen: Großes und Göttliches, wenn wir Großes und Göttliches suchen, Nichtiges und Historisches, wenn wir Nichtiges und Historisches suchen — überhaupt nichts, wenn wir überhaupt nichts suchen!«[32] Es geht keineswegs darum, dass wir uns Wunder halt einfach einbilden müssen, damit sie wahr werden. So im Stil von: Wenn man nur fest genug daran glaubt, dann ist es schon ein Wunder. Vielmehr sollten wir demütig, sehnsüchtig und Gott-suchend bleiben, um immer wieder zu entdecken, wo Großes und Göttliches drin ist!

Von Herzen wünsche ich dir, dass du durch das Beobachten von Christusveränderung in den Menschen selbst zu Gottesbegegnungen finden kannst. Auf dass du durchs Kreuz weise werden darfst. Und nie aufhörst, hinzuhören, zu entdecken und zu wachsen. Denn »ein Christ ist im Werden, nicht im Gewordensein«, wie Luther treffend erkannt hat. Vielleicht helfen dir die vorformulierten Gebete, vielleicht findest du einen Zugang durch die Lieder, durch die Bilder – oder du findest Menschen und Orte, um die sich der Raum für dich öffnet, um Gott zu erleben. Gib nicht auf. Und wenn du ihn gefunden hast, trage ihn mutig in diese Welt hinein. Denn: »Christus in euch, die Hoffnung auf Gottes Herrlichkeit!« *Kolosser 1,27**

Wir grüßen dich – bei diesem Projekt passenderweise mit einem gesungenen Gebet von Jonathan McReynolds[33].

May your struggles keep you near the cross
And may your troubles show that you need God
And may your battles end the way they should
And may your bad days prove that God is good
And may your whole life prove that God is good

Mögen deine Schwierigkeiten dich in der Nähe des Kreuzes halten
Und mögen deine Probleme zeigen, dass du Gott brauchst
Und mögen deine Kämpfe so enden, wie sie sollten
Und mögen deine schlechten Tage beweisen, dass Gott gut ist
Und möge dein ganzes Leben beweisen, dass Gott gut ist

AUF DASS WIR <u>WERDEN.</u>
UND <u>SINGEN.</u>

<u>AMEN</u>.

ANMERKUNGEN

Endnoten

1 Vgl. Lewis, C. S. (2015): Der König von Narnia, 6. Aufl., Berlin: Ueberreuter, S. 57.
2 Hosmann, Annik (15.03.2022): Wie Bice Curiger zu einer der wichtigsten Frauen in der Kunstwelt wurde, www.tagesanzeiger.ch, https://www.tagesanzeiger.ch/wie-bice-curiger-zu-einer-der-wichtigsten-frauen-in-der-kunstwelt-wurde-758772343157 (abgerufen am 09.08.2023).
3 Vgl. Kreutz, Gunter (2014): Warum Singen glücklich macht, Psychosozial-Verlag, Gießen.
4 Niemetz, Daniel Dr. (08.12.2022): Warum gemeinsames Singen glücklich macht, www.mdr.de, https://www.mdr.de/wissen/wie-gemeinsames-singen-gluecklich-macht100.html (abgerufen am 09.08.2023).
5 Vgl. Meister Eckart (2008): Werke I, Nikolaus Largier u. Josef Quint (Hrsg.), Frankfurt a. M.: Deutsche Klassiker, S. 195.
6 Lewis, C. S. (2014): Pardon, ich bin Christ, Basel: Brunnen, S. 152.
7 Berger, Klaus (1999): Das Neue Testament und frühchristliche Schriften, Berlin/Frankfurt a. M.: Insel, S. 1307. (Der Text stammt aus dem sog. »Evangelium der Maria« aus den Apokryphen, das Maria von Magdala zugeschrieben wird.)
8 McGrath, Alister (2016): Lunch mit C. S. Lewis, Gießen: Brunnen, S. 17.
9 Vgl. Edersheim, Alfred (1883): The Life and Times of Jesus the Messiah, Band 2, London: Longmans, Green, & Co., S. 609.
10 Wrogenmann, Henning (2019): Missionstheologien der Gegenwart, Gütersloh: Gütersloher Verlagshaus, S. 18-19; Abb. 1, S. 256.
11 Bosch, David (2011): Ganzheitliche Mission, Marburg: Francke, S. 311.
12 Bonhoeffer, Dietrich (1987): Nachfolge, München: Kaiser, S. 14.
13 Ebd., S. 29.
14 Lewis, C. S. (1986): Das Gift des Subjektivismus., in: ders., Gedankengänge, Basel: Brunnen, S. 115.
15 Kopfermann, Arne (2020): Auf zu neuen Ufern, Asslar: Gerth Medien, S. 146.
16 Firth, Gilbert R. (1888): Anecdote of Morphy, in: Columbia Chess Chronicle, Band 3/ 7,8, S. 60.
17 Vgl. Kahl, Hubert (24.08.2012): Über diese Restauration lacht die Welt: Rentnerin zerstört Jesus-Bild, www.abendblatt.de, https://www.abendblatt.de/vermischtes/article108772980/Ueber-diese-Restauration-lacht-die-Welt-Rentnerin-zerstoert-Jesus-Bild.html (abgerufen am 09.08.2023).
18 Vgl. Barth, Karl (1997): Gespräche 1964–1968, in: Eberhard Busch (Hrsg.), Karl Barth – Gesamtausgabe, Abt. IV, Zürich: Theologischer Verlag, S. 562.
19 Wrogenmann, Henning (2019): Missionstheologien der Gegenwart, Gütersloh: Gütersloher Verlagshaus, S. 18-19 und Abb. 1; S. 89.
20 Dieser Satz Jüngels stammt aus dem Votum *Zum Verständnis des Todes Jesu* (1968), bei dem der Theologe in seiner Funktion als Dozent für Systematische Theologie am Ost-berliner Sprachenkonvikt mitwirkte.
21 Vgl. Talmud Sanhedrin 43ab.
22 Der Begriff »Chronologischer Snobismus« wurde von C. S. Lewis und Owen Barfield geprägt und von Lewis erstmals 1955 in *Surprised by Joy* erwähnt.
23 Einzelne Denominationen wollen diesen »Bruder« von Jesus eher als Cousin oder Vetter gedeutet sehen, da laut ihnen Maria nicht noch mehr Kinder gehabt haben kann. Man versucht das Dilemma manchmal auch zu lösen, indem man ihn einer ersten Ehe von Josef zuschreibt. Ob Halbbruder, Cousin oder tatsächlicher Bruder – es ändert nichts daran, dass dieser Mann Jesus seit seiner Kindheit sehr nahestand.
24 In meinem Buch *Unfertig. Jesusnachfolge für Normale* habe ich das Thema Spannung ausführlich bearbeitet. Auch habe ich da der Gnade die hingegebene Nachfolge gegenübergestellt, um dem einseitigen Abgleiten in eine zu billige Gnade vorzubeugen.
25 Baltes, Guido (01.08.2019): Schwarz-weiß oder Rosarot? Ambiguitätstoleranz und Pluralismusfähigkeit als geistliche Herausforderung, in: Aufatmen, Ausg. 3/2019, S. 27-29.
26 Vgl. Shermot Rabba zu 4. Mose 7,13.
27 Vgl. Talmud Sanhedrin 34a.
28 Vgl. Talmud Eruvin 13b.
29 Harper, Lisa Sharon (2016): The Very Good Gospel, Colorado Springs: Waterbrook, S. 7.
30 Lewis, C. S. (2005): Ist Theologie Dichtung?, in: ders., Das Gewicht der Herrlichkeit und andere Essays, Basel: Fontis, S. 58.
31 Vgl. Chesterton, G. K. (14.03.1903): The Return of the Angels, in: The Daily News.
32 Barth, Karl (1924): Die neue Welt der Bibel, in: Jochen Teuffel (15.12.2016), www.jochenteuffel.com, https://jochenteuffel.files.wordpress.com/2016/12/barth-die-neue-welt-in-der-bibel1.pdf (abgerufen am 09.08.2023).
33 God Is Good, Text & Melodie: Jonathan McReynolds © 2018 JMCReynolds; für D, A, CH: SCM Hänssler, Holzgerlingen.

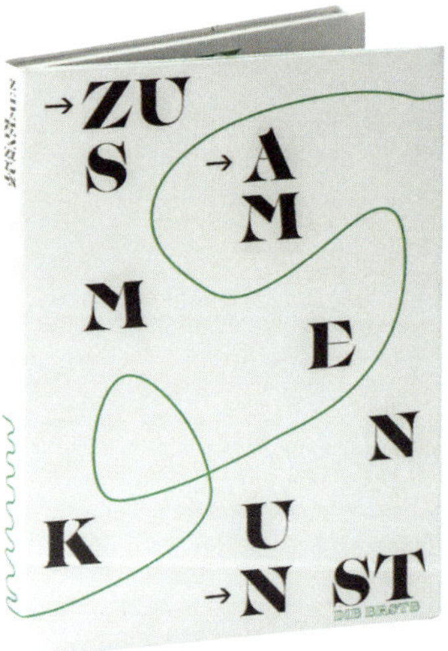

Central Arts

Zusammenkunst - Die Erste

Während des weltweiten COVID-19-Lockdowns kam das öffentliche kulturelle Leben vollständig zum Erliegen. In dieser besonderen Zeit kamen Kreative zusammen, um gemeinsam für sich und andere Kunst zu erschaffen. Dieses Album ist das Ergebnis, wunderschön, handfest und multimedial: ein rund 70-minütiges Kunstfeuerwerk aus Musik, Tanz, visueller Kunst und Spoken Word. Mit QR-Codes zum gesamten Programm und zum Projekt in Videoform.
Beitragende: *Elto, Adina Mitchell, Lupid, Jonnes, Marco Michalzik, Koenige & Priester, Two & The Sun, Celine Hales, Diana Ezerex, Johannes Falk, Samuel Rösch u.v.m.*

Artikel-Nr. 095100086
EAN 7172285063056

Andreas „Boppi" Boppart

Neuländisch – In die Weite glauben

Das Leben, Gott und der Glaube bergen unendlich viel „Terra Incognita" – unentdecktes Land, das darauf wartet, beschritten zu werden. Du bist dafür geschaffen, neuländisch zu glauben, zu denken und zu handeln. Kurz: neuländisch zu leben. Gott will dich in die Weite führen, deine Grenzen sprengen, deinen Horizont erweitern. Wagst du den ersten Schritt ins weite Land?

Artikel-Nr. 395797000
ISBN 9783775157971

SCM
R.Brockhaus